L'ART

DE CONNOITRE

LES

FEMMES,

AVEC UNE

DISSERTATION

SUR

L'ADULTERE.

Par le Chevalier PLANTE-AMOUR.

A LA HAYE,
Chez JAQUES VANDEN KIEBOOM,
Libraire dans le Pooten.
M. DCC. XXX.

A

MESSIEURS

Á B.L.M.F.M.J.A.D.B. & J.V.D.

Auteurs & Imprimeur

DES LETTRES SERIEUSES
& BADINES.

MESSIEURS,

Je suis peut être le seul qui ait pû soutenir la lecture de l'Ouvrage que vous venez de

* 2   pu-

publier. Sur une idée affez
vague qu'on m'en avoit donnée, j'avois refolu de ne le
jamais ouvrir, perfuadé que
la probité ne permet pas à un
homme raifonnable d'em-
ploïer des momens précieux à
lire des Calomnies auffi mal
digerées, que le font celles,
qui, m'avoit-on dit, font le
fujet de cet Ouvrage. J'étois
rempli de ces idées, &, à vous
parler franchemeut, elles me
faifoient horreur, lors qu'une
perfonne de confideration me
dit que j'étois maltraité dans
une de vos Lettres. Surpris
au dernier point, je me cher-
chai dans cette obfcure production. Je la feuillerai d'un
bout

bout à l'autre. Peines inutiles! Je fus donc obligé de la
lire; &, non feulement je ne
m'y reconnus à aucun trait,
mais même; je veux bien
vous l'avouër, je n'aurois jamais pû deviner qui font
ceux à qui vous en voulez, fi
Monsieur votre Libraire
n'avoit eû foin de repen-
dre dans le Public, qu'il fe
vange par ce Libelle, d'un
homme à qui on ne peut reprocher que fa fincerité.

Vous jugez bien, Meffieurs,
que je me repentis fincerement
de vous avoir facrifié quelques heures de mon plus grand
loifir. J'enrageois de bon
cœur, du mauvais tour que
mon

mon ami m'avoit joüé, & je
ne fais, fi dans le tranfport
furieux qui m'agitoit, je n'aurois par été homme à lui faire
un mauvais parti. J'exerçai
d'abord ma colere fur votre
livre que je mis en piéces, à
l'exemple d'un Seigneur du
premier rang de cette ville,
& je prononçai ¡après lui ces
mots Hollandois, fans favoir
ce qu'ils fignifioient : *Dit
deugt niet, dit deugt niet,
maakter peeper huisjes van* *.

A près cette expedition, je
fis dépofer les Lambeaux de
vos Lettres dans les *lieux fecrets,*

* On m'a affuré que cela vouloit dire en
bon François: *Ces Lettres ne valent pas plus que
leurs Auteurs. Pour bien faire, il faut donner les
Auteurs au D * * *, & le livre à l'Epicier.*

crets, ou les honnêtes gens
ont donné place à l'ouvrage
entier. Quelques affaires pref-
fantes m'aiant appellé là un
moment après, il me tomba
fous la main un *fragment* du
fecond volume, ou je lûs ce
qui fuit : " je ne vous dirai
„ plus qu'un mot fur un Ro-
„ man que la *Gazette des Sa-*
„ *vans* annonce, & qui doit
„ fervir de feconde partie aux
„ *avantures de Don Antonio*
„ *de Buffalis*. . . . . J'ignore
„ qui eft le Libraire qui s'en
„ chargera. *Neaulme* qui a
„ imprimé la premiere par-
„ tie, ne veut point de la
„ feconde, . . . *Scheurléer*
„ la prendroit bien, pour
fai-

„ faire plaifir à quelques uns
„ de fes amis qui s'y interef-
„ fent, mais outre qu'il craint
„ de paffer pour debiter des
„ Libelles diffamatoires (en
quoi, pour le dire en paffant,
il a la confcience plus delicate, & il marque plus de
probité que V. D * *.) Il
„ croit au deffous de lui,
„ d'imprimer un Ouvrage
„ auffi peu ferieux, qu'on
„ lui a dit que celui-ci eft.
„ D'ailleurs il s'imagine que
„ ce ne feroit pas un *Livre*
„ *d'or*, c'eft à dire qui pût
„ lui apporter un profit con-
„ fiderable. Tant d'obftacles
„ me font penfer que les Au-
„ teurs s'adrefferont à fon

fub-

„ ſubſtitut *van den Kieboom.*
„ S'ils s'en aviſent, ce Ro-
„ man figurera on ne peut
„ pas mieux avec le *Prince*
„ *Apprius* qu'il a debité, &
„ avec L'ART DE CONNOÎ-
„ TRE LES FEMMES, qu'il
„ promet au Public, pour
„ ſervir de Commentaire
„ aux *Raggionamenti d'Are-*
„ *tino*, & à la *Puttana er-*
„ *rante* de *Venerio.*" C'eſt,
Meſſieurs, ce dernier trait
qui me touche. J'admire
vos Talens! Et, ſans dou-
te, ceux qui liront cet
endroit de votre onziéme
Lettre les admireront comme
moi! Rien ne vous arrête,
quand il s'agit de decider du

* 5   me-

merite d'un Ouvrage. Il vous fuffit d'en favoir le titre. Vous fuppofez enfuite qu'un de vos Ennemis (car vous en avez bon nombre, foit dit par Parenthefe) vous fuppo-fez, dis-je, qu'un de vos Ennemis en eft l'Auteur, & vous concluez de là que ce fera un tiffu *d'obfcénitez Italiennes.* Encore un coup, Meffieurs, je vous admire! Que de belles chofes ne de-vez-vous pas dire fur les Ou-vrages que vous avez entre les mains ! puis que vous vous mélez de Juger de ceux qui font encore fous la Preffe, & dont vous n'avez pas la moindre Idée. Mais, Bon
Dieu

Dieu! A quoi vous expose un pareil procedé? Ignorez vous cette admirable sentence de Phedre : *Que ceux qui se mélent de mordre*, *trouvent enfin des gens qui mordent mieux qu'eux*, & *que quand quelqu'un nous fait tord nous devons lui rendre la pareille* C'est la loi du Talion :

Nulli nocendum : si quis verò læserit,
mulctandum simili jure - - -

Je vous avoüé que cette pensée s'est d'abord offerte à mon Esprit. Et même je ne dissimulerai point que pour ne pas porter mon coup à faux, j'ai remué Ciel & Terre, afin de découvrir à qui
j'a-

j'avois affaire. J'ai emprunté
les *Lettres ferieufes & badines* dans l'intention de ne les
jamais rendre, comme quel-
ques-uns de vous en agiffent
pour fe faire une Bibliothe
que nombreufe aux dépens
de leurs amis. J'ai lû vingt
fois la même chofe. Enfin
l'avertiffement de votre honnête Libraire, m'en a affez
appris pour pouvoir découvrir le refte à l'aide de l'As-
trologie judiciaire que j'en-
tens affez bien, fans vanité.
La fcience occulte des nombres m'a été fort utile. J'ai
vû du premier coup d'œil que
des perfonnes capables de
tromper un Jéfuite par leurs
dé-

déguisemens ne pouvoient être
que des *Chevaliers de la Cou-
lisse*, des Gens à Brodequins
& à Cothurnes. Par mes
calculs, j'ai découvert que
vous étiez nez, ILLUSTRES
AUTEURS, sous le signe du
Capricorne, & que l'influence
maligne de cette Constellation
vous avoit rendus des *Acteons
modernes*. De là j'ai conclu
tout naturellement qu'il n'appartenoit qu'à vous & à
vos semblables, de faire un
supplemeut à la *Puttana errante* de *Venerio*. Fondez
sur l'experience, & à l'abri
de vos coëffures à triple éta-
ge, vous pourrez nous revé-
ler là dessus des secrets dont
vous

vous êtes seuls depositaires.
Aussi me suis-je bien gardé
d'empiéter sur vos Droits à
cet égard, dans l'ouvrage
que je mets sous votre pro-
tection. Vous y trouverez
une *Dissertation*, qui pourra
peut être vous consoler des
disgraces pres qu'inséparables
du mariage D'ailleurs, comme je fais voir par tout la
foiblesse du Sexe, vous serez
moins surpris que vous soyez
coëffez de mains de Maîtres.
Et consequemmenr, vous serez determinez à supporter
cet affront avec plus de grandeur d'Ame. Sur tout j'ex-
horte celui d'entre vous qui
s'est pourvû depuis peu, par
un

un Esprit de mortification,
de la *Paillasse* des Capucins
de **** de lire attentive-
ment *l'Art de connoître les
Femmes*, pour me commu-
niquer ses lumieres sur cet article. s'il s'avise de faire un
Commentaire sur mon ouvrage, qu'il ait un soin tout
particulier de bien distinguer
ses remarques du Texte. A
cette condition, je lui pro-
mets de profiter de ses avis.
Et, pour lui donner une
preuve de mon zele, je ferai
venir au premier jour de Munick * des Mémoires Anec-
do-

---

* NB. que Munick est en *Baviere*. Cette
Remarque est nécessaire pour l'intelligence du
texte; outre que Mr. *Bruzen la Martiniere*,
ou de *la Martiniére*, mon ami particulier, peut
en

doſes, ſur certaines avantures amoureuſes. J'y joindrai un ſupplement, ſur ſa Meta-morphoſe de Comedien en Auteur. Je ne manquerai point de découvrir à ce ſujet, les moïens qu'il a employez depuis ce tems-la, pour faire *Subſiſter** quantité de *Livres* que

en faire uſage dans ſon fameux *Dictionnaire Geo-graphique & Critique*, dont il publiera inceſſa-ment le ſecond Tome. Cet auteur aime l'or-dre, car le 1. & le 3. vol. ſont imprimez de-puis long-tems. J'annonce le ſixieme & der-nier: le 4. & 5. viendront enſuite.

* J'avouë que je me ſens incapable d'em-ploïer, de moi-même, un Expreſſion ſi rele-vée. Je l'emprunte des Lettres S. & B. j'ap-prens par là que les Livres ſont de Etres ani-mez, & qu'on peut ſe ſervir élegamment de cette expreſſion: Un tel livre *Subſiſte*, pour dire qu'il eſt imprimé, ou qu'il exiſte. Je voudrois ſeulement que des Puriſtes de cette tournure, ne s'aviſaſſent jamais de reprocher à un Auteur un ſtile Wallon. Car, quelques Eſprits de travers qui n'entendroient pas leurs nobles expreſſions, pourroient fort bien les ac-cabler du même reproche.

que les gens de bon gout difent étre au deſſous du mé-
diocre.

Du reſte, je dois vous avertir qu'un nouveau *Mathana-*
ſius, publiera inceſſament un
Commentaire ſur la vignette
du titre de vos Lettres. Cet
homme eſt un vrai ſatyri-
que, à peu près de votre
trempe, Meſſieurs. Rien ne
lui échape. Il a trouvé, par
exemple que cette vignète,
au bas de la quelle on a pros-
ſtitué le nom de *Picart,* vous
repreſente tous au naturel. Il
vous y reconnoît à certains
traits du viſage. De plus : il
ſoutient que l'Auteur du *Mer-*
cure Hiſtorique, & de la
Quin-

Quinteſſence, ne s'eſt jamais
mélé de vendre ſes ouvrages,
au lieu qu'il eſt certain que
c'eſt la profeſſion de votre
Libraire. Ainſi, conclut-il,
c'eſt V. D ** lui-même,
qui, ſous la figure d'un ſinge,
eſt monté ſur un Theatre,
au devant de ſa maiſon. Mr.
Mathanaſius, ajoute que ce
Libraire vaindicatif a mieux
aimé revêtir cette forme,
qui lui convient fort bien,
que de ne pas gouter le plaiſir de calomnier. Voyez,
Meſſieurs, juſqu'où va la ma-
lice de mon Docteur ! il
prouve avec beaucoup de ſolidité & d'enjouëment que la
de-

devife de la vignete: VILIA
DIVENDENS SCRUTA POPEL-
LO, ne peut abfolument convenir qu'à votre honnête Libraire.   Car, dit-il, fi ce
Maître *** n'avoit pas imprimé quantité de miferables
rapfodies, qu'on ne trouve
que chez le Peuple, il feroit
encore auffi petit Garçon
qu'il l'étoit il y a dix ans.
Là deffus, il fait un Catalo-
gue de je ne fai combien de
mauvais livres imprimez chez
J. V. D. &, ne vous en
deplaife, Meffieurs, il met
à la tête de cette lifte, vos
Lettres Serieufes & Badines.
Ce n'eft pas tout.   Mr. *Ma-*
** 2   *tha-*

thanafius fait connoître, par des nombres, les figures qui font repréfentées au bas du Theatre de la vignète. Par exemple, il y fait remarquer J * * * & toute fa famille d'Angleterre & de Hollande. L. D. avec fon Epoufe, & van D. auprez d'elle, fous fa forme ordinaire. L. M. & les Amans des fes deux femmes. B. & fon illuftre Parentée, ou plutot celle de fon aimable Epoufe, car pour la fienne elle reffemble affez, dit-on, à celle de Milchife-dec.

Peut être, Meffieurs, ferez-vous furpris que je ne
vous

vous ai pas loué dans le ſtile
des faiſeurs d'Epitres Dedica-
toires. Mais je vous prie de
de n'en accuſer que mon
impuiſſance pour une entre-
priſe de cette nature. Le
Champ eſt trop vaſte. Ebloui
de l'eclat qui vous environ-
ne, je ne vois que tenebres,
à peu près comme un hom-
me qui après avoir fixé ſes
regards ſur le ſoleil, veut les
porter ailleurs. Du moins,
je m'imagine que c'eſt cela
qui a empéché juſqu'à preſent
votre mérite de penetrer juſqu'à moi. *In magnis voluiſ-
ſe ſat eſt*, comme l'a fort

* 3   bien

bien remarqué † l'eblouiſſant monſieur *Janiçon.* Que ma volonté ſoit donc reputée pour le fait , & qu'on ait pour moi en cette occaſion la même indulgence que pour ce Garçon Bel Eſprit avec lequel je mets ici en parel-lèle quoique par tout ailleurs, je faſſe tous mes efforts pour m'en diſtinguer. C'eſt, Meſ-ſieurs , ce que j'oſe attendre de votre Equité. Soyez per-ſuadez que je faiſirai à l'ave-nir toutes le occaſions qui ſe preſenterout, pour vous faire con-

---

† à la fin de la preface de ſon *Etat preſent des Provinces Unies* Ouvrage qui n'a eu juſqu'à preſent que l'approbation des Auteurs des Let-tres S. & B.

connoître *de la sorte*, combien je vous eſtime. Je ſuis, juſqu'à revoir,

MESSIEURS,

A Amſterdam le
6. Octobre 1729.

Votre Très-humble &
très-obéïſſant ſerviteur.

Le Chevalier PLANTE-AMOUR.

PREFACE.

Our être imprimé à la mode, il faut, en dépit qu'on en ait, faire une Preface. A mon avis pourtant cette sorte de production est un meuble assez inutile. De cent Lecteurs, souvent il n'y en a pas un qui y fasse la moindre attention. Je voudrois donc que quand le titre explique suffisemment le but d'un livre, on dispensât l'Auteur de rendre compte au Public, de mille particularitez, qui, pour l'ordinaire n'interessent personne, & qui le plus souvent sont toutes fausses, Cependant je me croi obligé, de dire ici quelque chose à ceux qui voudront lire cet ouvrage, ou en faire l'aquisition.

Le sujet en est interessant: il ne s'agit de rien moins que de se former

une

une juste idée des femmes. Mais, me defiant de mon stile autant que de mon savoir, quoique j'aie l'experience pour garand de ce que j'ai écrit, à la louange des Femmes vertueuses, j'ai beaucoup emprunté des auteurs qui m'ont precedé : mais pour ne pas m'attirer l'odieux titre de Plagiaire qu'on peut donner legitimement à quantité de r'habilleurs de Livres, qui copient fidellement les ouvrages des autres sans leur en faire honneur, j'ai eu soin de rendre à chacun ce qui lui appartient, & de distinguer mes pensées de celles d'autrui.

Pour me justifier auprès de ceux qui pourroient trouver mauvais que je n'ai pas tout titré de mon propre fonds, je n'ai qu'à leur dire, qu'il est impossible à un Auteur, quelqu'habile qu'on le suppose, de devoiler lui seul toutes les passions des Femmes. Sans compter qu'il y a dans la Bruyere, beaucoup de pensées

sées des anciens. Peut être même qu'avec tous les secours que j'ai tiré de trois ou quatre bons Auteurs, je n'ai pas réussi à faire un ouvrage entierement bon.

J'ajoute que quoique j'aye frondé les femmes, sans miséricorde, je n'ai point prétendu les comprendre toutes dans ce que j'en ai dit. Je sai que, graces à Dieu, il y en a encore parmi nues des femmes qu'on pourroit citer pour des exemples de la plus haute vertu, ou il soit possible d'atteindre. Je ne crains rien de leur part, persuadé qu'il n'y aura que celles qui se reconnoîtront dans cet ouvrage, qui se plaindront de moi; & il me suffit de dire à celles qui, par une conduite sage, sont audessus de la critique, ce que Clement Marot disoit aux Dames de Paris:

On voit assez que vous êtes entieres,
De n'avoir pris à cœur telles matieres.

Aussi

Auffi n'eft-il blafon, tant foit infame,
Qui fçut changer le bruit d'honnête femme;
Et n'eft blafon tant foit plein de louanges,
Qui le renom de folle femme change.
On a beau dire, une colombe eft noire,
Un Corbeau blanc : pour l'avoir dit, faut croire.
Que la Colombe en rien ne noircira,
Et le Corbeau de rien ne blanchira.

Je dois encore dire un mot fur un point très-delicat. On s'imaginera, fans doute, que j'ai eu quelqu'un en vuë fous les noms empruntez dont je me fuis fervi, pour peindre les paffions d'une maniere plus touchante. Mais je protefte, en honnête homme, que j'ai feulement voulu combattre les vices en general. Ceux qui s'y reconnoîtront ne doivent s'en prendre qu'à eux mêmes, & tâcher de devenir des copies de meilleurs originaux.

Du refte, je ne pretends, point condamner abfolument les Paffions. Content de repandre un ridicule fur les excès aux quels on les por-

te, je blame, comme tout homme raisonnable doit le faire, la fausse Philosophie des Stoïciens, qui pretendoient élever l'homme au dessus de sa condition mortelle, en le delivrant de toutes ses passions Sisteme orgueilleux qui, s'il avoit reussi, nous eut privé de tous les moiens que nous avons ici bas, pour parvenir à la pratique des vertus Chrétiennes, & morales *. Car, sans les passions, notre ame seroit toujours dans l'indolance. Ce sont elles qui lui donnent le mouvement, & qui la portent où elle veut aller; ensorte qu'on peut dire hardiment qu'elles sont les semences des vertus, & qu'elles ne deviennent criminelles que par le mauvais usage que nous en faisons.

Voi-

---

* J'appelle vertus Chrétiennes celles que l'Evangile nous oblige de pratiquer, & vertus morales celles que la raison nous prescrit, telles qu'étoient, par exemple, les vertus des Païens.

*Voilà tout ce que j'avois à dire:
si le Public est assez gracieux
pour nous obliger à faire une seconde Edition, il verra que nous au-
rons profité des avis qu'il aura
bien voulu nous donner. Nous
nous engageons de plus à donner
encore quelques volumes sur la même sujet, si celui-ci est bien reçu.*

*P. S. Je viens d'apprendre que la Cour
de Hollande, à la réquisition du Sr. Henri
Scheurleer, a rendu une Interdiction contre le
Libraire van Duren pour avoir imprimé
een Fameus Libel, savoir les Lettres
Serieuses & Badines. Desorte que, sous
peine d'encourir l'indignation de la dite Cour
de Hollande, le Libraire van Duren est
condamné à ôter de son Libelle, l'avis sur
le Carton, & la Vignette. Ce jugement
épargne à Mr. Mathanasius la peine du
commentaire qu'il preparoit; comme je l'ai
dit dans l'Epitre Dedicatoire.*

TABLE

TABLE
DES CHAPITRES.

L'ART

L'ART

De connoître les

FEMMES.

CHAPITRE I.

Idée generale des Femmes.

FAITS comme nous le sommes ; la Femme est un mal qui nous est devenu necessaire. Un maudit penchant nous rend esclaves du beau Sexe. Nous ne paroissons pas plutôt dans le monde que nous éprouvons la verité de ce qu'a dit un de nos Poëtes :

A

De tout tems l'Homme à la Femme eſt livré,
Et de tout tems la Femme l'eſt au *Diable*.

Semblables au Papillon, nous tour-
nons quelque tems autour d'une
chandèle à laquelle nous allons enfin nous bruler , par une fatalité
inſurmontable , & dont perſonne
n'eſt exempt. Et qu'eſt ce qui nous
fait rechercher les Femmes avec
tant d'avidité ? Le croiroit on ſi
on n'en avoit l'experience ? Ce n'eſt
autre choſe que la petite difference
qui ſe trouve entr'elles & nous
quant au corps, & même quant à
l'eſprit. Je ne crois pas qu'on puiſſe me conteſter le premier ; pour
le ſecond on l'avouera aiſément ſi
l'on fait attention que rien ne nous
plait tant dans une Femme qu'une
grande vivacité , un grand feu dans
la converſation. Cet avantage leur
vient des agrémens de l'Imagination.
,, Rien ne plait tant , dit une d'el-
,, les , que ces Imaginations vives,

„ ves, delicates, remplies d'idées
„ riantes. Si vous joignez la for-
„ ce à l'agrément, elles dominent,
„ elles forcent l'ame & l'entrainent,
„ car nous cedons plus certaine-
„ ment à l'agrément qu'à la verité.
„ L'imagination est la source & la
„ gardienne de nos plaisirs. Ce
„ n'est qu'à elle qu'on doit l'a-
„ gréable illusion des passions.
„ Toujours d'intelligence avec le
„ cœur, elle fait lui fournir toutes
„ les erreurs dont il a besoin. El-
„ le a droit aussi sur le tems : elle
„ fait rapeller les plaisirs passez,
„ & nous fait jouir par avance de
„ tous ceux que l'avenir nous pro-
„ met . . . . Toute l'ame est en el-
„ le, & dès qu'elle se refroidit
„ tous les charmes de la vie dispa-
„ roissent.„ Aussi voit-on les Ruel-
le, des vieilles entierement deser-
tées, par ce qu'elles n'ont plus cette superiorité de l'esprit qui vient de

la

la force de l'imagination, & de la
senfibilité.

Les Femmes ont du gout, & cela leur tient lieu de raifon, car le
gout étant d'une grande étendue, il
leur fait apercevoir d'une maniere
vive & prompte tout ce qui a raport aux chofes d'agrément, &
rien plus. C'eft là ou brille leur
efprit, c'eft ou fe deploie leur fi-
neffe. Ainfi on fe plait avec elles,
au lieu qu'on s'ennuye mortelle-
ment avec un Philofophe qui ne
s'explique que par Demonftra-
tions & qui veut tout approfondir.
Les Femmes ne tomberont jamais
dans ce defaut. Trop occupées de
la Bagatelle, & de tout ce qui s'appelle *affaires de cœur*, elles n'en-
treprendront pas, felon toutes apparences, de debrouiller une queftion abftraite. Peut être en vien-
droient elles à bout, à en juger du
moins par les refforts qu'elles font
jouer

jouer avec tant d'adreſſe pour faire réuſſir une intrigue galante, ou en pénetrer le ſecret : mais un peu de reflexion nous convainc que tout leur eſprit eſt borné par l'horizon de l'Amour, & qu'il ne franchit point les bornes de cette ſphere.

L'hiſtoire ne nous apprend point que les Femmes aient fait des hereſies, moins encore qu'elles aient donné dans l'Athéïſme : cependant ſi elles viennent à s'entêter d'un ſentiment de Devotion, ou d'une Opinion de Theologie, on entreprendroit inutilement de leur en faire connoître le foible & l'illuſion : elles ſe tiennent à leurs idées beaucoup plus opiniâtrément qu'un homme. C'eſt ce qu'elles ont de commun avec les ignorans de notre Sexe. Peu accoutumées à la reflexion, à la meditation, elles ne ſaiſiſſent les objets que d'un côté. Si le beau côté ſe préſente à leur eſprit, il leur plait, & bien ſou-

vent

vent elles fe figurent les chofes
toutes autres qu'elles ne font en
effet ; elles s'y attachent cependant & n'en veulent plus démor-
dre.

Changer l'ordre des chofes,
bouleverfer des Etats les plus flo-
riffants, clever des favoris du fein
de la pouffiere au fommet des
grandeurs , rendre quelquefois
l'homme le plus malheureux de
tous les Etres, ce font des Eveue-
mens dont on eft redevable à *l'in-*
duftrie, ou plutot aux artifices des
femmes. On pourroit faire des
volumes de tous les maux qu'elles
ont caufées depuis la creation du
monde jufqu'à prefent : mais, fans
toucher cette corde, je me contente de l'aveu de Mezeray qui,
dans la vie de *Henry* IV. dit * que
les intrigues entre les Dames & les
Seigneurs de la Cour, *ont caufé les*
plus

* Ad an. 1605.

*plus grands Evenemens à la Cour
de France depuis le regne de
François I.* A propos de ce
Prince, je me souviens d'avoir lû
sur son compte, une particula-
rité assez plaisante, dans les me-
moires de Brantôme qui nous
apprend que le seul Amiral *Bon-
nivet* conseilla à ce Monarque de
passer les Monts, non tant pour
,, le bien & service de son Maî-
., tre, que pour aller revoir une
,, grande Dame de *Milan* &
,, des plus belles, qu'il avoit fai-
,, te pour Maîtresse quelques an-
,, nées devant & en avoit tiré
,, plaisir, & en vouloit retâ-
,, ter. J'ai ouis dire, continue-
,, t'il, ce conte à une grande
,, Dame de ce tems là; & mê-
,, me qu'il avoit fait cas au Roi
,, de cette Dame (qu'on dit qui
,, s'appelloit *la Signora Clerice*)
,, pour lors estimée des plus bel-
,, les

„ les d'*Italie*, & lui en avoit
„ fait venir l'envie de la voir, &
„ coucher, avec elle ; & voilà
„ la principale cause de ce passa-
„ ge du Roi qui n'est à tous
„ connue. Ainsi la moitié du
„ monde ne sait comment l'autre
„ vit, car nous cuidons la chose
„ d'une façon qui est de l'autre.
„ Ainsi Dieu qui fait tout se mo-
„ que bien de nous. "

Ce récit nous fait apercevoir
que les Femmes ne font pas
toujours les causes actives de ces
étonnantes revolutions, aux quelles souvent elles n'ont d'autre
part que celle d'avoir en partage la beauté & les autres agrémens. En ce cas là le tort est
de notre côté. La *signora Cle-*
rice, par exemple, n'étant que
cause passive d'une expedition
qui mit la France à deux doigts
de sa ruine par la prison de
son

fon Roi, il y auroit de l'injuftice à l'en rendre coupable.

Il ne manqne aux Femmes pour reuffir bien en toutes chofes que de l'application , difent certains auteurs: à la bonne heure , mais elles ne peuvent l'avoir, pour l'effen- tiel s'entend, c'eft-à-dire pour cher- cher la verité. Elles fe plaifent dans l'erreur. Vouloir les detrom- per, c'eft hazarder d'encourir leur disgrace ; & alors il n'y a plus de rapel. Rien ne les rend fi mal- heureufes que de ceffer de fe trom- per. Elles fe font illufion jufques fur les folles paffions ou elles fe livrent en faveur des hommes ; enforte qu'il femble que dans leurs plus exécrables debauches , les Femmes payent un tribut qu'elles nous doivent.

CHAPITRE II.

Des Jeunes Demoiselles, & de leur Education.

LA Jeuneſſe eſt un age plein de douceurs pour les Demoiſelles. Elles ne ſont point comme nous ſujettes à des craintes continuelles, ni à des maîtres rigides. A douze ans, & quelquefois plutôt, elles commencent à être maîtreſſes d'elles-mêmes. Elles entrent dans le monde, à la verité ſous les yeux d'une mere, mais qui le plus ſouvent favoriſe leur libertinage, au lieu d'en arrêter le cours.

Dans l'Education des jeunes gens, ſur tout des jeunes Demoiſel-

felles , il faudroit toujours avoir
cette fage maxime devant les yeux.

Rien de Parfait ne fort des mains de la nature ;
L'homme même en naiffant n'eft que vice
    & peché ;
Ne lui refufez point une prompte *culture* ;
C'eft un champ qui veut être au plutot *de-*
friché.

Mais on n'y fait guere attention.
Les Filles d'un certain rang qu'apprennent-elles de leur mere ? A
mettre une Coëffure, ajufter quelques Colifichets, ageancer un ru-
ban, faire la belle bouche, plier
le corps en arriere, tenir la tête
droite, marcher d'un pas fier, regarder les gens par deffus l'Epaule,
affecter un petit air de mignardife,
& mille autres momeries femblables. Belle Education ! Elles n'en
ont pourtant pas d'autre. Parve-
nuës à un certain âge, deja dans
le monde, elles prennent gout à la
                   lectu-

lecture d'un Roman, ou bien à l'exemple de leur mere, elles font leur tout d'un Commerce de galanterie. Voyez *Dorinthe*, me difoit l'autre jour certain petit Maître : elle fe trouve dans toutes les Societez, elle en fait l'ornement. Qu'elle eft bien élevée! continuoit-il en faifant mille geftes ridicules! qu'elle fait bien parler jufte! qu'elle eft modefte! Je fus tenté de l'en croire fur fa parole ; mais une heure après m'étant trouvé dans un Cercle que Dorinthe honoroit de fa préfence, je lui entendis dire quantité d'impertinences, & je remarquai beaucoup d'immodeftie dans fa maniere de s'habiller. Je vis à fes cotez la jeune Florinde, qui, par fon extérieur modefte, en impofoit à tout le monde. En fortant, *Alcion* me la vanta comme un modele de vertu ; mais je lui fermai la bouche en l'affurant que j'avois furpris cette belle à

une

une heure induë tête à tête avec
Alexis à qui elle avoit donné ren-
dez-vous par un Escalier derobé.
Après tout , faut il s'en étonner?
Sa mere voit familierement le Marquis de B * * *. Elle en reçoit
des presens, & à toute heure il est
le bien venu dans sa chambre. On
cherche quelque pretexte pour
éloigner *Florinde* de la Conversation, & Madame reste seule avec
son Amant.

Pour les Bourgeoises, helas! la
quenouille , l'aiguille, les froides
visites d'un amant transi , & les
tracasseries du menage, sont leurs
occupations alternatives. La plû-
part même n'ont jamais appris
l'A. B. C. Desorte qu'il est très-
vrai de dire que ,, les Femmes d'or-
,, dinaire ne doivent rien à l'art.
,, Pourquoi donc trouver mauvais
,, qu'elles aient un esprit qui ne
,, leur coute rien? On gate toutes
les dispositions que leur a données

la Nature, on commence par negliger leur Education. On n'occupe leur esprit à rien de solide &
le cœur en profite. „ Nous les
„ destinons à plaire, & elles ne
„ nous plaisent que par leurs gra-
„ ces ou par leurs vices. Il sem-
„ ble qu'elles ne soient faites que
„ pour être un spectacle agréable
„ à nos yeux. Elles ne songent
„ donc qu'à cultiver leurs agré-
„ mens, & se laissent aisément en-
„ trainer au penchant de la Natu-
„ re. Elles ne se refusent pas à
„ des gouts qu'elles ne croient pas
„ avoir reçus de la Nature pour
„ les combattre. Mais ce qu'il y
„ a de singulier c'est qu'en les for-
„ mant pour l'amour, nous leur
„ defendons l'usage de leurs agré-
„ mens, si vous les voulez aima-
„ bles & spirituelles (c'est une
„ Femme qui parle aux Hommes)
„ ne les abandonnez pas quand el-
„ les n'ont que cette sorte de me-
„ ri-

,, rité. Mais nous leur deman-
,, dons un melange & un mena-
,, gement de ces Qualitez qu'il eſt
,, difficile d'attraper, & de redui-
,, re à une juſte meſure. " Je ne
ſçais ſi cette illuſtre * Apologiſte
du beau Sexe eſt bien fondée dans
ſes plaintes. Il me ſemble que les
Hommes n'exigent pas tant des
Femmes. Il ſe trouve bien à la verité quelques genies bourrus qui
ſouhaiteroient trouver en elles le
vrai merite, choſe très-rare : mais
eſt ce bien ce que la foule y cherche ? Point du tout. *Philante*, dit-
on, aime *Dorinthe* : il la recherche en mariage. Eſt-il de mauvais
gout ? elle eſt jeune, belle, bien
faite, riche, & qui plus eſt elle
tient le Dez dans toutes les Con-
verſations, ſans faire bâiller ceux
qui l'écoutent : C'eſt aſſez & même plus qu'il n'en faut. *Philante*

ne

* Me. Lambert.

ne fe doneroit il pas un ridicule
dans le monde s'il exigeoit de *Dorinthe* un peu plus de retenuë &
de circonfpection , puisqu'elle a
été élevée fous les yeux d'une mere Coquette? Seroit-il raifonnable
d'aller lui faire une chicanne fur
fon peu de modeftie dans les Eglifes ? tandis qu'elle voit fa Mere à
fes côtez jetter fa vue en long &
en large pour d'écouvrir fon
Amant. L'a t'elle aperçu? elle lui
fait une inclination, accompagnée
d'un fouris, & d'une oeillade capable de donner de l'amour aux
cœurs les plus infenfibles. Pendant tout ce manege, le Miniftre
prêche la modeftie : mais , bon!
Eft ce pour une Dame de fon rang?
Les preceptes de l'Evangile ne font
que pour les ames vulgaires. Les
perfonnes de Qualité fuivent une
autre morale. De quel Droit
donc , pretendroit-on empêcher
Dorinthe de fuivre un fi bel exemple?

ple? Vraiement, ignore-t'elle les prerogatives de sa naissance jusqu'au point de se confondre avec le Peuple, quand elle est dans la maison de Dieu? Son Carosse, sa Livrée, son Equipage ne serviroient-ils qu'à la faire distinguer dans les Rues?

La Comedie, dit *Dorinthe* en conversation, m'a beaucoup plû aujourd'hui. Les Acteurs ont bien representé. Mais l'Opera! qu'en dites-vous? Il a été pitoïable. Bon Dieu! que je m'y suis ennuyée! *Dorinthe* ne s'aperçoit pas que par des discours de cette nature, elle ennuye les gens de bon sens. Il est vrai aussi que c'est par là qu'elle brille, & qu'elle se fait admirer des sots.

* *Clelie* fait profession publique de pieté. Sa parure est simple, son Equipage est modeste: sa table est frugale; sa maison est reglée, &
ses

---

* V. Les hommes Ch. IV.

ſes Domeſtiques y vivent dans une
parfaite union. Toutes les Familles malheureuſes lui ſont deja con-
nuës, elle les viſite, elle va les
conſoler : l'horreur des Priſons
& des Cachots ne la rebutent
point ; elle a ſes jours deſtinez
pour s'y rendre, elle s'y rend ſans
y manquer. Regardée comme la
mere des Pauvres, ſes Anticham-
bres en ſont pleines. On n'oſe
l'aller voir ; on craint toujours de
la detourner d'une oeuvre de charité. Ses Guides dans la pieté ont
preſque ſeuls le Droit d'entrer chez
elle, & de l'entretenir ſans l'en-
nuyer. Le croiroit-on? Deja elle
poſſede à fonds le langage de la ſpiritualité ; les progrez qu'elle y a
faits ſont ſurprenants. Qui que
ce ſoit ne parle ſi dignement de la
vertu, & ne condamne le vice
avec plus de force & d'éloquence.
Irremiſſible d'ailleurs ſur tout ce
qui peut bleſſer une oreille ſcru-
pu-

puleuſe une parole tant ſoit peu hazardée la fait frémir ; & peu s'en faut qu'elle ne regarde la gayeté même comme un crime. Clelie enfin eſt l'exemple de toute la ville , le modele que tous les maris pieux propoſent à leurs Epouſes. Quel changement! ſans doute , il feroit honneur à *Clelie*, il feroit triompher la Religion du deſordre public ; mais les filles de *Clelie* chargées de ſes depouilles les plus mondaines, elevées par elle-même dans la vanité, dans l'inaction, dans le gout du jeu & des ſpectacles, n'apprennent-elles pas ces filles que les vertus de la mere ne ſont que des vertus d'un certain âge; & que l'unique but ou elle tend par la Reforme , c'eſt à faire d'une nouvelle façon quelque bruit dans le monde.

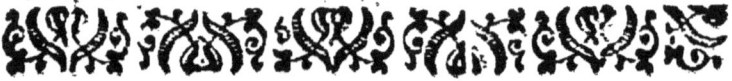

CHAPITRE III.

De l'Amour Propre.

L'Amour propre est une passion, ou, le dirai-je, un vice qui nous rend aimables à nous mêmes & haïssables à tout le monde, du moins à tout le monde qui pense juste. Cependant les Femmes se sont si bien familiarisées avec l'amour propre qu'elles semblent avoir le Droit de s'en faire accroire sur leur merite pretendu Les unes se preferent à tout leur Sexe par leur naissance, ou leurs richesses, les autres par la finesse de leur taille, ou par l'eclat de leur tein. Les Laides mêmes s'imaginent effacer les disgraces de la nature par des agrémens

af-

affectés qui les rendent ridicules,
& quoique nous regardions les
Femmes comme fort au deſſous
de nous, la vanité qui eſt leur
caractere diſtinctif, fait qu'elles
ſe preferent à tous les hommes du
monde. Laiſſons leur la ſatisfaction
de s'applaudir en ſecret.

Croiroit-on que la plupart des
Femmes, ſi occupées d'elles-memes,
fuſſent ſi peu jalouſes, de leur reputa-
tation, le croiroit on, dis-je, ſi on
n'en voyoit tous les jours des
exemples criants. Il y en a quelques unes, je l'avoue, qui crai-
gnent moins de rougir à leurs propres yeux, que de le rendre mepri-
ſables aux yeux des autres. Ainſi,
quand elles peuvent donner carrie-
re à leurs paſſions, ſans s'expoſer à
la critique, elles donnent tête baiſ-
ſée dans les plus affreux deſordres. ,, Ordinairement les perſon-
,, nes de ce Caractere perdent tout
,, en perdant l'innocence, & quand

B 3 leur

„ leur gloire eſt une fois immolée,
„ elles ne ménagent plus rien.„ A
dieux alors l'amour propre. On ne
ſuit plus les impreſſions de cette
paſſion ſi delicate, & pour ainſi dire imperceptible, à ceux qu'elle
domine,& qui ſe gliſſe aiſément dans
tous les états, & dans toutes nos
actions, deſorte qu'il pourroit bien
y avoir de l'amour propre dans les
plus grands excès des femmes. Je
dis que cela pourroit etre, mais je
ne voudrois pas m'en rendre garand; j'oſe dire avec plus de confiance qu'il accompagne la vertu la
plus épurée. *Angelique* vit dans la
retraite, ſa modeſtie en toutes choſes eſt preſque ſans exemple. Son
aſſiduité aux trois Sermons du Di-
manche, & ſon gout pour les bonnes lectures, ſur tout de l'Ecriture
Sainte, ſont des choſes admirables.
O! qu'*Angelique* ſeroit agreable à
Dieu, ſi en rempliſſant ſes Devoirs
avec tant d'exactitude, elle etoit
indif-

indifferente fur le peu d'attention
qu'on y fait. Mais helas! fon Amour
propre gâte toutes fes pratiques les
plus faintes, aux yeux d'un être
qui, fans s'embarraffer beaucoup
de l'exterieur, veut avoir nôtre
cœur, & qui demande que nous
l'aimions, & le fervions pour l'a-
mour de lui-même. Comment donc
pouroit-on lui plaire, en accomplif-
fant fes préceptes, autant que notre foibleffe, aidée de la grace nous
en rend capables, en les accom-
pliffant, dis-je, pour etre eftimé du
monde?

J'avoue que le fentiment qui
court après l'eftime des hommes eft
louable, & que la crainte d'en etre
meprifé eft fi utile, que c'eft peut
etre à elle feule que nous devons
toutes les vertus des Femmes. ,, Il
,, faut leur rendre cette juftice,
,, dit *Mr. Bayle*, qu'il y en a un
,, grand nombre qui s'abftien-
,, nent de l'impudicité; mais ce

„ n'eſt pas qu'elles aient naturelle-
„ ment un plus grand fonds de
„ ſainteté que les hommes, ou
„ que l'amour qu'elles ont pour
„ Dieu leur donne plus de force
„ pour reſiſter à la tentation. Qu'eſt
„ ce donc ? c'eſt qu'elles ſont re-
„ tenuës par la dure loi de l'hon-
„ neur, qui les expoſe à l'infamie,
„ quand elles ſuccombent au pen-
„ chant de la Nature. Il eſt certain
„ que ſi les hommes n'euſſent
„ point attaché l'honneur des
„ Femmes à la chaſteté, les Fem-
„ mes ſeroient auſſi generalement
„ plongées dans les pechez de la
„ Chair que les hommes; & il y
„ a même beaucoup d'apparence
„ qu'elles s'y porteroient avec
„ plus d'ardeur, parce qu'il eſt
„ fort apparent que cette paſſion
„ eſt plus violente dans les Fem-
„ mes, que dans les hommes. „
Qu'on craigne le monde, qu'on
evite de lui donner du ſcandale, à
la

la bonne heure : mais fi Angelique étoit veritablement Femme ver-tueufe, elle feroit encore plus at-tentive à fa confcience , & elle chercheroit en premier lieu à s'édi-fier elle-même. Je la regarde avec mepris, je ne fais aucun cas de fa ver-tu, par ce qu'elle s'en fert pour fi-xer toutes les attentions fur elle, & qu'elle fe croit etre le centre de l'admiration publique. Mais quoi! puis-je raifonnablement la meprifer pour une foibleffe infeparable de la nature humaine? Qui ne fait que l'Amour propre eft logé dans les Cabanes des Bergers, comme dans les Palais des Rois? Tous, depuis le plus petit jufqu'au plus grand, font entinchés de cette maudite paffion : he! ne donnerons nous rien aux privileges du beau Sexe qui femble fe l'être appropriée. Mais penfé-je bien à ce que je dis? Pourrois je, fans crime, applaudir à Angelique, que fon amour pro-

pre occupe fi fort d'elle-même qu'il
ne lui laiffe que du degout pour
tous les autres.

Une preuve que l'amour propre
eſt le mobile de toute la conduite
d'*Angelique*, & le Pivot ſur lequel tourne ſon exterieur devot,
c'eſt que, contre l'ordinaire de
ſon Sexe, elle parle peu. On remarque dans ſes diſcours un certain
air gêné qui nous laiſſe apercevoir
qu'elle ne dit pas tout ce qu'elle
penſe. C'eſt une maxime utile à
l'amour propre *de ſavoir ſe taire*;
„ Car, dit un excellentiſſime Au-
„ teur*, ſoit que le mouvement irre-
„ gulier des eſprits bouleverſe dans
„ l'ame l'arrangement des idées, ſoit
„ qu'elle ſoit en butte par la natu-
„ re de ſon être à toutes les ex-
„ travagances qui l'agitent, quel-
„ les folles penſées n'occupent pas
dans

---

* L'Abbé de Varenes dans ſon ouvrage inti-
tulé: *les hommes.*

„ dans l'interieur les gens qui nous
„ paroiſſent les plus ſenſés. Re-
„ ver tout haut, rever tout bas,
„ fait preſque toute la difference
„ des eſprits. Les ſages s'amuſent
„ en ſecret de leur folie; les fous
„ ne peuvent cacher la leur. „ Ce
qui veut dire en bon françois que
pour attaquer l'amour propre, il
faut en avoir une bonne doſe. *De
vives cenſures,* dit certain auteur,
*& une critique continuelle cachent
un amour propre très-delicat.* Ainſi je me vois contraint d'avouer
que tous nos principes ſont corrompus, & que les plus honnêtes
gens ſont les Dupes de leur Orgueil. Un petit grain de cette paſſion a fait la plupart des Martires &
des Apoſtats, & elle eſt encore aujourd'hui l'ame de la charité.
Croyez-vous que *Clorinde* ſeroit
ſi exacte à mettre ſon offrande au
Tronc en ſortant de l'Egliſe ſi elle
ſçavoit que ceux qui la ſuivent n'y
font

font pas attention ? Croyez vous
que Veſtalie fit tant de bien au
jeune Philemon qu'elle a tiré du
ſein de la miſere, & qu'elle traite
comme ſon fils, ſi elle ſçavoit d'en
être payée d'ingratitude ? Elle n'eſt
pas inſenſible ſur ce point. La reconnoiſſance qu'elle en attend,
flatte par avance ſon amour propre. Sa vertu n'eſt pas eſtimable.
„ C'eſt un compoſé de peu de bon,
„ & de beaucoup de mauvais, d'a-
„ mour propre, de vaine gloire &
„ d'interêt. C'eſt un melange de
„ terre, ou l'on voit reluire cinq
„ ou ſix grains d'or: c'eſt une chi-
„ mere. Selon les hommes, c'eſt
„ l'art de paſſer pour parfait, c'eſt
„ une eſpece de Déïfication de
„ ſoi-même: ſelon Dieu, ce n'eſt
„ rien.

Du moins, me dira-t'on, vous
ne pouvez nier que la vertu de
Philippile ſoit ſolide. Depuis la
mort de ſon mari, elle a quitté le
                                    mon-

monde, elle fuit les compagnies, elle ne s'occupe que de la priere, elle meprile les Richeſſes juſqu'à diſtribuer tous les biens aux Pauvres, n'aiant point d'Enfans à qui les laiſſer. Elle entretient *ſecretement* telles & telles Familles qui, lans ſes liberalitez mourroient de faim. Bon! *Philippile* va à la gloire par la pauvreté. Ce chemin étant peu frayé, il eſt bien plus difficile à tenir que celui qu'on fuit d'ordinaire, & les difficultez qu'elle y trouve flattent d'avantage ſon amour propre. Voyez comme elle ſe plaint depuis qu'elle a la fievre. On l'abandonne, dit elle; on ſemble la fuir, on la laiſſe ſeule dans ſon lit. Cet etat a-t'il quelque choſe de plus affreux, & de plus inſuportable que la miſere ou elle ſe reduit par ſes aumônes? car on ne peut nier qu'elle n'en faſſe de tout à fait extraordinaires. D'ou viennent donc ſes larmes & ſes

ſoufoupirs ? c'eſt que la ſolitude ou elle ſe trouve depuis ſa maladie, lui fait apercevoir qu'on ne la plaint guere. Mais, admirez ſa biſarre rie! Ceux qui, comme moi, veulent lui temoigner la part qu'ils prennent à ſes maux, les renouvellent, & les augmentent. Elle croit alors qu'on la ſoupçonne de ne pas ſouffrir avec conſtance, ce qui eſt effectivement vrai. C'eſt pourtant l'amour propre qui produit des effets ſi contraires. Quel parti prendre avec *Philippile?* Mais le mal eſt qu'il y a quantité de femmes de ſon Caractere.

Alexia ſe moque du *quand dira-t'on* : elle avance à grands pas dans la vertu malgré la critique : elle eſt inſenſible aux traits les plus piquants de la mediſance & de la Calomnie. Elle ſait qu'on taxe ſa Devotion de Bigotterie, mais elle mepriſe ceux qui en parlent ainſi, & ſe contente de gemir en ſecret
du

du tord qu'ils fe font à eux mêmes.
Abus! je me trouvai dernierement
chez Alexia, ou un petit trait la-
ché par megarde contre fa conduite, la reveilla de cette Letargie,
fi animée qu'elle m'interdifit la
maifon. Vantez moi après cela
l'infenfibilité de cette Devote!
Ceux qui ne favent pas fes allures,
qui ignorent, fur fon compte,
mille anecdotes dont je fuis bien
inftruit, lui font plus de plaifir que
de chagrin en l'attaquant fur la devotion. Elle a le plaifir de les ta-
xer de Libertinage, & celui de
croire qu'on eft trompé par les apparences exterieures d'une feinte
pieté.

Mais pour donner aux femmes
un remede contre leur amour propre, il ne faut que les rapeller à
leur premiere origine, & les faire
fouvenir que cette paffion favorite
peut être la fource de toutes les
vertus, lorfqu'elle ne les engagera
qu'à

se procurer les veritables biens, &
à s'aimer assez pour ne trouver
rien de dignes d'elles que Dieu
seul. Alors tous leurs Dereglemens
s'evanouiront, & elles n'aimeront
jusqu'en elles mêmes que leur indifference pour tout le reste.

Elles doivent encore apprendre
à estimer les choses, selon leur
véritable merite, & pour cela, il
faut, selon Mᵉ: Lambert, distinguer les Qualitez estimables & les
agréables. Elles ne peuvent se flatter, generalement parlant, d'avoir
les premieres, qui sont réelles &
intrinseques aux choses, & par les
loix de la justice, ont un Droit naturel sur notre estime. Pour les
qualitez agreables, nous ne leur
en disputons point la possession.
Hé! plut à Dieu qne nous pussions
le faire! Mais, elles ne sont que
superficielles. Elles se doivent à la
disposition de leurs organes, &
à la force de leur imagination.
Cela

„ Cela eſt ſi vrai, ajoute Mᵉ.
„ Lambert, qu'un même objet ne
„ fait pas les mêmes impreſſions
„ ſur tous les hommes, & que
„ ſouvent nos ſentimens changent,
„ ſans qu'il y ait rien de changé
„ dans l'objet. „

C   CHA

CHAPITRE IV.

De l'Etat de vie qu'on choisit.

LEs Demoiselles, parmi nous, n'ont pas à choisir pour embrasser un Etat. Il faut nécessairement qu'elles soient dans le monde, qu'elles y vivent, qu'elles y jouent un Rôle à leur maniere. Mais, parmi les Catholiques-Romains, appellez vulgairement *Papistes* le mariage & le Couvent sont les deux partis qui s'offrent à leur choix, ou pour parler plus juste, à celui de leurs Parens. Quoique tout le succès qu'on en doit attendre depende moins des Evenemens que de certaines dispositions, de certain gout, de certain penchant naturel, on ne les consulte guere là dessus. * Les Peres

* V. *Les hommes.* Ch. V.

res & meres reglent le fort de leur
famille, précifement fur le nombre
de leurs enfans, fur le plus ou le
moins de bien qu'ils ont, & prefque toujours fur la vanité qu'ils ont
de les elever au deffus de leur Etat;
ou fouvent, fans que les enfans y
entrent pour autre chofe que d'ê-
tre les victimes malheureufes qu'on
facrifie à la bizarrerie d'une injufte
prédilection. *Agenor* a un fils qui
promet beaucoup. Il a de la vivacité ; il peut faire fortune dans le
monde. Mais il a une fille qui em-
portera une grande partie de fon
bien. Trifte objet! On ne voit
Aminthe dans la maifon de fon Pere qu'avec indignation. Elle eft
maltraitée par fa mere & par fon
frere. On refufe la Porte à de riches Partis qui la recherchent en
mariage. Son inclination la porte
à gouter les douceurs de cet Etat,
au rifque d'en effuyer les amertu-
mes. Mais fi on la marie, tout

examiné, on fera obligé de lui donner vingt mille francs: c'eſt autant
de rogné ſur la portion de ſon frere. Patience, dit en ſoi même *Agenor*: il y a remede à tout. Faiſons
la Religieuſe. Cet expedient n'eſt
pas plutôt imaginé qu'on s'empreſ-
ſe de l'executer. Mais quelles en
ſont les ſuites? ,, La jeune Aminte,
,, dit l'Abbé de V * * * auſſi con-
,, nue par ſa ſageſſe que par ſa
,, beauté, d'un eſprit vif & ſolide;
,, s'appliquant avec ardeur à la Lec-
,, ture, & s'inſtruiſant avec beau-
,, coup de fruit, habile à s'en ſer-
,, vir, heureuſe dans ſes produc-
,, tions, polie dans ſes diſcours,
,, modeſte dans ſes manieres, ju-
,, dicieuſe dans le choix de ſes oc-
,, cupations, connoiſſant ſes de-
,, voirs, les rempliſſant avec exac-
,, titude; fuiant avec une ſage pré-
,, caution le monde ſans le haïr,
,, toujours tranquille, honnorée
,, enfin, reſpectée, aimée de tous
ceux

„ ceux qui la connoiſſoient ; la
„ jeune Aminte, dis je, revêtuë
„ depuis trois ans de l'habit de
„ Vierge eſt le ſcandale de ſa mai-
„ ſon par ſon horreur pour ſes de-
„ voirs, par l'irregularité de ſa
„ conduite, par le chagrin qui la
„ conſume dans ſa retraite. Quel-
„ le deſtinée! & qui pourroit s'i-
„ maginer qu'on n'a ſongé qu'à la
„ rendre heureuſe quand on l'a
„ malgré elle renfermée dans un
„ Cloître. „

„ Que peut-on eſperer ſur le ſa-
„ lut de deux péres dont l'un en-
„ leve à Dieu un Miniſtre digne
„ de ſes Autels pour n'en faire
„ qu'un Guerrier très-mediocre, &
„ l'autre qui prive le monde d'une
„ femme d'un grand merite, pour
„ n'en faire qu'une Religieuſe ſans
„ vertu". *Cephiſe* ennuyée du Celibat pour lequel elle n'etoit pas
née, eſcalade à minuit la muraille
du jardin, & ſuit ſon Amant dans

les

Païs étrangers où, elle fait valloir les droits de la conscience pour justifier sa fuite.

Amalisse, non moins meritante qu'Aminthe , & qui avoit eu le même sort qu'elle, met le feu à son Couvent, en sort à la faveur du desordre, se jette entre les bras de Philemon qui se proposoit de la mener je ne sai où ; mais aiant été reconnus & arretez sur les terres de France, ils on fait une fin digne de leurs crimes. Ce sont là des avantures d'à tous les jours. Plus d'une Aminte, & plus d'une Amalisse se reconnoîtront dans ces Portraits.

Il ne faut pas s'imaginer que toutes les Religieuses le soient par le choix de leurs Parens. Souvent elles ne peuvent s'en prendre qu'à leur propre caprice, ou à une indignation orgueilleuse qui les persuade qu'il n'y a point d'hommes dignes d'elles, tant elles présument

de

de leur petit merite. Le defefpoir
eft quelque fois de la partie. Une
ainée a vû marier fa Cadette avant
elle; cela feul l'a determinée à s'en-
fevelir dans un Cloître. Une Vo-
cation de cette nature n'a-t'elle pas
bien du merite devant Dieu? J'a-
voüé qu'Elvire s'eft jettée dans un
Couvent, fans que rien ait pû l'en
empêcher, par un tout autre principe. Ni la chair, ni le fang n'ont
eu part à ce choix; je ne foupçon-
ne pas même que l'amour propre
y foit entré pour quelque chofe.
Uniquément occupée, avant la retraite, des devoirs d'une fille ver-
tueufe. fous les yeux d'une mere
Chrétienne, elle s'etoit défendu
l'ufage des commoditez les plus
innocentes; mais peu content de
ce facrifice, bien qu'il ait dû lui
couter beaucoup, elle s'eft condamnée à une penitence des plus
rigides qui foit dans l'Etat Monaf-
tique. *Elvire* eft le feul exemple

puisse me persuader que son Sexe
est capable de renoncer aux commoditez de la vie.

J'ai dit, au commencement de
ce Chapitre que les filles, parmi
les Reformez, n'avoient d'autre
parti à prendre que le mariage; mais
croyez vous qu'on ne trouve pas
encore le secret de forcer leurs inclinations ? Les Peres & meres
tiennent à peu près la même conduite à cet egard que s'il ne s'agif-
soit que d'une affaire d'un jour.
On pese le merite des Amants au
poids de leurs richesses. Quatre ou
cinq mille livres plus ou moins,
font pencher la balance: jugez en
par cette histoire : *Philis* avoit
deux Amants qui la recherchoient
serieusement en mariage. L'un
étoit un jeune homme de bonne Famille, bien fait, bien elevé & pof-
sedant toutes les belles qualitez du
corps & de l'esprit : mais il avoit
peu de bien. L'autre étoit grossier

dans

dans toutes fes manieres, toujours mal propre dans fes habillemens, fans education, fans efprit, connu de toute la ville pour un brutal fiefé : d'ailleurs c'etoit un jeune homme fort laborieux, & par deffus tout qui avoit le double plus de bien que fon Rival. Il obtint *Philis* à la premiere demande qu'il en fit. Elle fe flattoit depuis longtems de la douce efperance d'offrir un jour à l'Himen , entre les bras d'un Epoux, l'agréable facrifice de fa virginité. Mais dez qu'elle apprit que Florimond lui étoit deftiné, elle devint infenfible fur ce point. Tous les beaux fentimens qui l'avoient occupée depuis l'age de 15. ans jufques là , s'evanouirent en un moment. Son cœur fi tendre auparavant, fut metamorphofé tout à coup en un Rocher. Cependant il fallut obéïr, & en moins d'un mois, elle fut remife au pouvoir de fon nouveau mari. *Clitandre,*

c'e-

c'etoit le nom de l'autre pretendant,
ne parut point mortifié du mepris
qu'on faisoit de lui, bienque dans
le fonds il y fut très sensible, &
qu'il pestât de bon cœur contre la
Fortune qui sembloit l'avoir oublié
dans la distribution de ses graces:
je ne doute pas même que convaincu de son propre merite, il ne
repetât souvent:

> En amour comme dans le jeu,
> Rien n'est certain, rien n'est solide;
> Et le merite sert bien peu
> Ou sans ordre & sans choix la Fortune preside!
> Du plus aimable & du plus amoureux,
> Du plus adroit & du plus genereux,
> Souvent le malheur est extrême;
> Et souvent sans y penser même
> Le plus sot est le plus heureux.

Jusques là, il auroit eu raison
de le dire mais enfin le bonheur
lui en voulut au point que son aimable maîtresse, le jour même de
sa nôce, lui accorda les dernieres
faveurs. Je ne raporterai point de
quel-

quelle maniere la chose arriva.
Qu'on imagine une avanture toute
des plus extraordinaires, & peut
être ne réuſſira-t'on pas encore à ſe
faire une idée juſte de celle qui pro-
cura le bonheur de nos deux amans.
Il me ſuffit de dire que cette premiere entrevue leur aiant ſi bien
réuſſie, *Philis* continue à ſe dé-
dommager avec *Clitandre* des chagrins que lui cauſe la mauvaiſe humeur de ſon Époux. Il y a ſix ou
ſept ans que ce petit manege dure,
ſans que Flórimond s'en ſoit encore
aperçu. Je demande *ſur qui retom-*
be le crime de Philis, *& à qui*
croit-on que Dieu en demandera
compte? Elle eſt coupable d'Adultere, j'en conviens : mais pourquoi l'a-t'on unie pour toujours,
contre ſon gré, avec un homme
qui paroit plutot né pour paſſer ſa
vie dans les bois avec des Bêtes fe-
róces, qu'avec des perſonnes rai-
ſonnables?

CHA-

‿‿‿‿‿‿‿‿‿‿‿‿‿‿‿‿‿‿‿‿‿‿‿

CHAPITRE V.

De la Religion & de la Devotion des Femmes.

L'Impieté, je l'ai deja dis, n'est point le vice des Femmes. Elles ont beaucoup plus de Religion que les hommes, il faut leur rendre cette justice. Mais il me semble que toutes les Femmes devroient être de la Religion Romaine: elles eviteroient les fraix d'un examen long & ennuyeux dont elles ne sont guere capables. Elles pourroient alors, sans scrupule, suivre, comme elles font toutes, la Religion de leur mere. Une foi vague est leur fait: mais pour croire certains articles preferablement à d'autres, pour se convaincre de la verité d'un sisteme de Theologie,

gie, il faut lire, examiner, peſer les raiſons des deux partis: il leur en couteroit trop de ſoins & de peines. On a bien plutôt fait de croire tout ce que l'Egliſe croit, ſuppoſant qu'elle a toujours raiſon, quoi qu'elle enſeigne blanc & noir. Charmante Religion! ſi l'on va au Ciel par ce chemin-là, c'eſt bien le plus facile & le plus court.

Nos Dames Reformées ne s'em-barraſſent guere plus d'examiner leur Religion que ſi elles étoient Catoliques. Cependant elles ſont exterieurement ſi perſuadées de ſa verité, qu'on voit en toutes occa-ſions éclater leur Zele pour la con-verſion des Papiſtes: on voit qu'el-les ſont fort empreſſées à procu-rer quelque bien être à un maraud de Moine defroqué, fort aſſiduës aux exercices de picté. Mais auſſi on n'ignore pas que leur immodeſ-tie dans les Temples, & les dere-glemens ou la plupart des Femmes

se livrent, font fremir les honnêtes gens & meritent une vive cen-
sure.

A voir l'air dont nos Dames vont
entendre prêcher la parole de Dieu,
leur contenance quand elles sont
dans l'Eglise, ne semble-t'il pas
que la Religion est devenuë une
mode, & qu'on va au sermon parce qu'on s'en est fait une espece
d'habitude?

Belise a, dit-elle, un grand mal
de gorge, une migraine, ou tout
ce qu'il vous plaira: mais n'allez
pas lui supposer une maladie qui
l'oblige à tenir le lit, ou du moins
à garder la chambre. Elle y demeure pour tant six semaines sans
en sortir. Elle jouë, elle reçoit
des visites. On ne la voit point à
l'Eglise: elle en accuse avec aigreur
la petite indisposition dont elle se
plaint. Elle paroit enfin sur l'hori-
son, & je comprens en la revoyant
qu'elle a voulu donner de tems à sa
Cou-

Couturiere de lui faire un habit de
Brocard, ou reprendre son embon-
point, ou bien enfin attendre que
Mr. * * prêchat. Je suis presque
assuré que ce dernier motif à le plus
contribué à sa retraite, quoique
peut être les deux autres y aient
aussi eu quelque part. Les Pas-
teurs, qui prêchent la parole de
Dieu tout simplement, qui n'ont
pas en Chaire ce bel air qui fait admirer le Predicateur à la mode, ne
sont pas courus. Qu'iroit on faire
à l'Eglise pour entendre ces Minis-
tres qui ne savent point orner leurs,
discours d'expressions empoulées,
ni arrondir leurs periodes. ,, Au-
,, trefois & du tems des Apôtres,
,, dit un Auteur, on se contentoit
,, d'ecouter la verité nuë, seche &
,, sans apparence : elle etoit bien
,, reçue de quelque part qu'elle
,, vint, & c'etoit toujours la veri-
,, té. A present on ne peut plus se
,, sauver d'une maniere si basse,
dirai-

„ je, & si vulgaire. La mode est
„ venuë d'ecouter un jeune Ora-
„ teur, bien fait, dont les gestes
„ sont aisés, la voix touchante &
„ delicate, qui crie & crie avec
„ art, qui parle & parle avec
„ Esprit, qui prononce des perio-
„ des bien arrondies, d'une ca-
„ dence admirable, & dont l'oreil-
„ le est ravie. Il finit trop tôt son
„ discours, cet excellent Orateur.
„ Avec qu'elle avidité ne faisissoit-
„ on pas ses raisons? Si l'on doit
„ se plaindre, c'est que ni lui, ni
„ ses Auditeurs n'ont pas trouvé la
„ verité, mais ils ne la cher-
„ choient pas. Il étoit venu ex-
„ poser au Public sa taille & sa
„ bonne mine, ses gestes & ses
„ manieres delicates, son esprit.
„ Eux de leur coté n'avoient eu
„ dessein que de voir un homme
„ beau, bien fait, dont la voix
„ fut nette, & la parole agréable;
„ les voilà contents les uns des
                              autres

,, autres. ,, *Belise*, furtout qui, à coup fur , n'y étoit point venuë par d'autres motifs , s'en retourne très fatisfaite , après avoir pris le divertiffement de la devotion.

Croyez vous que *Lifimie* ait des fentimens plus fcrupuleux , plus épurez fur les pratiques de la Religion, que *Belife*? Point du tout. Elle eft un peu plus affiduë à l'Eglife, mais auffi elle s'y rend pour cenfurer & pour médire , comme *Chris* n'y vient que pour voir & être vuë. Ou trouveroit-on une jeune fille, ou une jeune femme, je dis-même de celles qui font les plus affiduës aux temples, qui y vienne dans le deffein de s'aquiter d'un devoir que Dieu impofe à tous ceux qui font profeffion de croire en lui? Car, qui dit une *Devote* , ne dit pas toujours une perfonne qui a de la Devotion. Ce font deux chofes très-differentes:

D   elles

elles font même oppofées dans le langage vulgaire. Une Devote c'eft une femme bizarre, chagrine, qui fe fcandalife des actions des autres, qui choque tout le monde, & que tout le monde craint & meprife. „ Etre exact à fe montrer „ dans les lieux deftinez à la pieté, „ y prier toujours, & fort haut; „ juger mal de la probité des affif- „ tants, s'y admirer & s'enfler, „ c'eft là ce qu'on appelle devenir „ Devot. Avoir de la Devotion, „ c'eft être paifible, doux affable, „ & Religieux en même tems; „ c'eft cenfurer le vice fans colere, „ c'eft elever la vertu fans paffion, „ fervir Dieu fans exterieur, le „ prier fans bruit, frequenter les „ Eglifes, comme fans deffein, „ être pieux fans en avoir le Re- „ nom. C'eft menager fes Remon- „ trances, les referver pour de „ bonnes occafions, & ne pas ex- „ pofer temerairement la vertu.

C'eft

„ C'eſt ſupporter les hommes,
„ ſouffrir leurs actions, ſe reduire
„ au gout ordinaire, s'il eſt bon;
„ l'abandonner, ſans le donner à
„ connoître, s'il eſt corrom-
„ pu . . . . . . Une Devote fait
„ mepriſer la Religion, une Fem-
„ me pieuſe la fait craindre & ad-
„ mirer. L'exterieur en eſt farou-
„ che & trompeur, à en juger par
„ la premiere; il eſt grand, aima-
„ ble, & honnête à en juger par la
„ ſeconde. „

La Devotion qui regne aujour-
d'hui, & l'hypocriſie, ou ſi vous
voulez la Bigotterie ſont à peu près
la même choſe. Les Eſprits bor-
nés & incapables d'une ſerieuſe application pour la recherche de la
verité, y ſont très-ſujets. C'eſt
par cette raiſon qu'elle eſt bien
plus generale parmi les femmes,
que parmi les hommes. Elle eſt
bien ſouvent l'effet du temperemment. L'Amour propre l'enfante

aussi quelquefois. En un mot la Bigotterie nous porte, dit un Auteur *Anglois*, à des passions furieuses sur les sujets les moins interessants. Ainsi nous ne pouvons la regarder, suivant cette idée, que comme un vice qui nous rend Ennemis jurés de toute contradiction. Une fausse Devote ne pardonne jamais, & regarde comme ses Ennemis mortels ceux qui voudroient la detromper. „ D'ailleurs une Bi-
„ gotte trouve dans ses moindres
„ idées tant d'importance, qu'en
„ les trouvant chez un autre, el-
„ le les considere comme le plus
„ solide merite; & les qualitez les
„ plus éminentes perdent tout leur
„ prix dans ceux qui n'admettent
„ pas jusqu'à la moindre de ses opi-
„ nions favorites. Chez elle, ceux
„ qui n'adoptent pas les Rites de
„ sa Secte ne sont pas Chrêtiens,
„ quand ils reconnoîtroient toutes
„ les Veritez de l'Evangile, &
que

„ que leur conduite y feroit par-
„ faitement conforme. Elle ref-
„ pectera comme un foutien de
„ l'Eglife cet autre qui s'emporte
„ contre les Non-Conformiftes,
„ quand il ne fauroit rendre la
„ moindre raifon de ce qu'il croit,
„ & que dans fa maniere de vivre,
„ il choque les préceptes les plus
„ clairs du Chriftianifme." Animée d'un zele cruel & farouche,
on l'entend fouhaiter la perte de
ceux qui ne donnent pas dans fes
travers. Bien plus encore. Elle
voudroit etre chargée de l'adminif-
tration de la juftice, pour faire
main baffe, non pas fur les malfai-
teurs, mais fur ceux qui n'ont pas
le Don de la foy. Et quoiqu'elle
foit alterée de fang humain, elle
ofe pourtant encore fe dire Chrêtienne & Chrêtienne Reformée.
Elle meprife en cette occafion les
principes fur lesquels elle fe fonde
pour reprocher aux *Papiftes* l'af-

freufe

freufe boucherie qu'ils on fait des Proteftants en *France*. Mais ce n'eft pas tout encore. La Bigotterie, ainfi que Jefus-Chrift nous l'apprend lui-même dans le Portrait qu'il nous trace des Pharifiens, la bigotterie nous attache fcrupuleufement à de petites pratiques indifferentes, comme feroit de ne point manger, fans s'etre lavé les mains, &c. & elle nous fait negliger ce qu'il y a d'effentiel dans la Religion, à peu près comme ce Montagnard du Royaume de *Naples* qui venant à Confeffe, & étant interrogé fur les crimes qu'il pouvoit avoir commis, repondit d'un grand ferieux : *j'ai avalé par hazard quelques gouttes, de petit lait qui, de la preffe ou je faifois le fromage, a rejailli dans ma bouche. C'eft là le feul peché dont je me fens coupable.* Le Prêtre voiant la fimplicité de ce bon vilageois, lui demanda s'il n'avoit point eu de part aux vols & aux

meurtres qui se faisoient tous les jours dans les montagnes ; il repondit ingenûment qu'oui ; mais qu'il n'y trouvoit point de mal, & que la Confession n'avoit rien de commun avec une chose pratiquée par tous les Bergers.

Enfin, la Bigotterie, selon l'Auteur Anglois que j'ai deja cité, fait ceder les interets les plus puissants & les plus sacrez parmi les hommes, à l'interêt particulier d'une Secte fanatique. Faire un Proselite, est, suivant les idées d'une Devote, quelques chose de plus considerable que de sauver un Etat. En un mot „ la Bigotterie est une yvroye „ qui, à moins d'etre deracinée, „ ruine toutes les productions du „ terroir qui la nourrit ; elle est „ abominable dans ses effets, au- „ tant qu'elle est deraisonnable „ dans ses causes. *C'est un vice lâ-* „ *che* : il porte l'homme à fermer „ ses yeux pour suivre les autres

D 4   dans

„ dans l'obſcurité, à renoncer à
„ ſa propre raiſon, le preſent le
„ plus beau de la divinité, & la
„ plus noble prerogative de notre
„ nature. *C'eſt un vice impoli &*
„ *contraire à l'humanité*; il nous
„ fait rompre en viſiere à tout le
„ monde, & nous rend uſurpa-
„ teurs de la liberté de raiſonner
„ qu'on ne peut oter aux autres,
„ pour en jouir ſeul, ſans violer
„ les Droits de la Societé. *C'eſt un*
„ *vice Anti Chrêtien* & directe-
„ ment oppoſé à l'humilité, la ba-
„ ſe de l'Evangile, qui nous or-
„ donne d'eſtimer les autres com-
„ me plus excellens que nous-mê-
„ mes. Ce vice eſt le poiſon de la
„ Philoſophie & de la verité,
„ puis qu'il nous ôte tout moien
„ de nous éclaircir & d'augmenter
„ nos connoiſſances. *Sur tout, ce*
„ *vice eſt pernicieux pour la Poli-*
„ *tique*; quand on lui lâche le
„ frein, il s'echape en jalouſies,
en

„ en animofitez, en violences,
„ en perfecutions, en guerres fan-
„ glantes, & barbares. Un Ro-
„ yaume de Bigots reffembleroit
„ à l'Etat de la Nature, ou chaque,
„ Particulier auroit à craindre de
„ tous les autres. „ Telle eft l'i-
dée qu'on peut fe former de la
devotion qui fait de nos jours
tout le chriftianifme de la plupart des femmes & même des
trois quarts des hommes. Le Nom
de Chrêtien ne fert plus qu'à nous
mettre à couvert de ces paffions
brutales qui feroient honte à un
honnête Payen. Eft ce là l'Efprit
de la Religion que J. C. nous a en-
feignée? Rougiffez, *Belife* Rougiffez de cette frenefie qui vous
rend efclave du Jeune *Licion*. Eft
ce la Religion qui vous a empêché
jufqu'à prefent, de lui faire un facrifice de votre pudicité? Ignorez-
vous, *Lycie*, ce que vous avez
entendu prêcher cent fois que le

Carac-

Caractere du Chriſtianiſme eſt la douceur, l'humilité & la patience: comment donc oſez vous venir aux Aſſemblées Chrêtiennes, puis que vous ne reſpirez que vengeance & que haine? Comment oſez vous paroître dans la maiſon de Dieu plus bouffie d'orgueil, que de la graiſſe qui vous etouffe? Apprenez qu'avec de pareilles, diſpoſitions vous ne pouvez pretendre à l'heritage de ceux *qui ſont doux & humbles de cœur.* Vous ne pouvez ſouffrir à vos côtez une vieille couverte de haillons: craignez ou plutot tremblez que votre jeuneſſe & votre parure ne vous rendent indignes d'approcher du fils de Dieu. En un mot, *Beliſe*, devenez humble & modeſte: pratiquez vos devoirs pour l'amour de Dieu ſeul, & alors, je ne taxerai plus votre Religion d'hypocriſie, ni votre Devotion de Bigotterie. Mais je fremis quand je penſe combien vous

étes

êtes eloignée d'un changement qui vous seroit si avantageux. Neanmoins, pour le faciliter autant qu'il est en nous, voici quelques moïens dont vous pouvez faire usage, contre un mal qui semble être sans remede.

1. Defaites vous de cette orgueilleuse presomtion qui vous fait regarder avec mepris ceux qui ne vous imitent pas en tout, & qui ne seront tenus de le faire que quand vous imiterez-vous-même J.C. modele de l'humilité la plus parfaite.

2. Pensez souvent combien l'Esprit humain est, par sa nature, sujet à l'Erreur, & ne decidez plus avec precipitation, sur des Questions que vous n'entendez point.

3. N'ayez plus pour les personnes de differentes Religions ce mepris dont nous avez affecté jusqu'à present de donner des marques publiques. Frequentez les, bien loin

de

de les fuir. Le commerce que
vous aurez avec elles etendra vos
connoissances, & vous frayera
un chemin pour parvenir à la verité.

4. Ayez sur tout une probité
sans faste, & un amour genereux
pour la verité.

5. Ne changez point de sentiment à la legere, & sans avoir mu-
rement examiné & pesé les raisons
pour & contre. Agir autrement,
c'est faire peu de cas de la Religion, c'est fouler aux pieds les loix
sacrées & inviolables de la conscience, c'est enfin mepriser, ou
pour mieux dire insulter Dieu lui-
même sur le thrône de sa gloire.

CHA-

CHAPITRE VI.

De l'Amour & des Dereglemens dans lesquels cette passion jette les Femmes.

L'Amour, quoi qu'agreable quelquefois par les douces illusions dont il flatte nos esperames, tient le plus souvent d'une espece de frenesie ou de fureur aveugle & brutale * qui nous ôte entierement l'usage de la raison:

Ne

---

* C'est ce qu'Horace disoit à sa Chere *Lydia* dans l'Ode XXV. du 1. livre;

Cùm tibi flagrans amor & libido;
Quæ solet Matres furiare Equorum;
Sæviet circà Jecur ulcerosum
    Non sine questu.

Ne cherchons point un vain detour
Pour excufer nôtre foiblefle;
Les premiers foupirs de l'Amour
Sont les derniers de la Sagefle.

.Cette paffion fougueufe nous convainc de la foiblefle de nôtre nature,
en même tems qu'elle nous apprend
à en connoître la force & les prerogatives, qui nous raprochent le
plus de la Divinité, par la faculté
que nous avons de produire nos
femblables. Voyez ce qu'en dit
Horace; Poëte qui a transmis à la
Pofterité, le fouvenir de fes A-
mours, & les noms de fes diverfes Maîtrefles. C'etoit un fçavant
auffi fameux, & peut-être plus
chez les anciens *Romains* par fes
galanteries, que par fes Ecrits. Et
qu'on ne s'en etonne pas: les Philofophes qui paroiffent les plus infenfibles, reffentent quelquefois
les feux de l'Amour.

Veut-

Veut-on favoir tous les defordres que cette paſſion peut produire dans le cœur, on n'a qu'à lire
la peinture vive qu'Ovide nous a
donnée de l'Amour de *Byblis* jour
ſon frere *Caune.* * „ D'aboɩd, cet-
„ te fille ne crut pas, diɩ-ɩl, que
„ ſa paſſion s'appellat Amour. Bai-
„ ſer ſon frere à route heure, lui
„ paroiſſoit un effet de l'Amitié
„ fraternelle : mais enfin cette
„ paſſion ſe declara peu à peu.
„ Toutes les fois qu'elle devoit
„ voir ſon frere, elle étoit plus
„ curieuſe de ſe parer, Elle avoit
„ plus d'envie qu'auparavant, de
„ paroitre belle à ſes yeux ; &
„ lorſque quelque fille qu'elle
„ croyoit plus belle qu'elle pa-
„ roiſſoit auprès de lui, elle en
„ étoit auſſi tot jalouſe. Nean-
„ moins elle ne connoiſſoit pas
„ encore ni ſa paſſion, ni elle-
mê-

* Ovide metamorph. l. IX. fable II;

,, même ; avec ce feu inconnu qui
,, la devoroit, elle ne formoit ni
,, vœux, ni defirs, mais cette forte
,, de modeftie ne demeura pas long-
,, tems ou il y avoit tant d'A-
,, mour. ,, Elle refolut enfin d'e-
crire à fon frere qui etoit devenu
fon Amant, & s'appuyant fur fa
table : *Quoi qu'il en puiffe arriver, dit-elle, découvrons ce fol
Amour. Mais en quel gouffre me
vais-je plonger? Et combien le feu
que je nourris eft-il horrible &
epouvantable?* ,, Elle Commença à
,, écrire, mais d'une main timide
,, & tremblante, & fut en doute
,, fi elle devoit achever. Elle
,, tient d'une main la plume, &
,, de l'autre le Papier. Elle lit &
,, relit ce qu'elle a ecrit, elle ef-
,, face, elle change, & remet en
,, même tems ce qu'elle vient
,, d'effacer. Ce qu'elle a ecrit lui
,, plait, mais elle ne laiffe pas
,, de le condamner, & d'en avoir
hon-

„ honte. Elle veut dechirer ſa
„ lettre, & auſſitot elle ne le veut
„ plus, elle ne ſait ce qu'elle
„ veut & tout ce qu'elle veut lui
„ deplait. On eut vû ſur ſon viſa-
„ ge un melange d'audace, & de
„ crainte. Elle avoit mis dans
„ ſa lettre le nom de ſœur, mais
„ elle l'effaça en la reliſant. „
Caune reçut très-mal cette Lettre qui avoit couté tant de peines à *Biblis* : cette pauvre fille
s'imagine qu'elle a eu tord de ſe
confier à du papier, & qu'elle
auroit mieux fait de decouvrir elle-
même ſa paſſion. „ Son Eſprit de-
„ meura dans un trouble étrange.
„ Bien qu'elle ſe repentit d'avoir
„ voulu tenter ſon frere, elle veut
„ pourtant le tenter encore. Elle
„ renonce à la modeſtie, elle lui
„ parle même, & lorſqu'elle a
„ été cent fois refuſée, elle s'ex-
„ poſe encore au hazard d'eſſuyer
„ de nouveaux refus. Enfin *Caune*

E qui

„ qui voyoit que l'aveuglement de
„ fa fœur ne gueriſſoit point, &
„ que fa fureur n'avoit point de
„ fin, abandonna fa Patrie, & al-
„ la bâtir une ville dans un Païs
„ étranger, s'imaginant que fon
„ abfence étoit l'unique remede à
„ la paſſion de fa fœur. Mais
„ cette miſerable fille en devint
„ plus furieuſe. Elle dechira fes
„ habits, elle s'arracha les che-
„ veux & la fureur la tranfporta de
„ telle forte, qu'elle n'eut point
„ de honte d'avouer que le mal
„ qu'elle enduroit, procedoit de
„ fon Amour & des mepris de fon
„ frere. „ Encore feroit-on heureux fi ce que l'Amour fait fouffrir
apprenoit à s'en paſſer ; mais helas !
il n'eſt propre qu'à nous jetter
dans le defefpoir, quand on ne
peut jouir de l'objet aimé.

Ainfi, cette paſſion etant auſſi
vive qu'elle l'eſt, on a tout lieu de
s'etonner qu'on puiſſe lui en aſſo-
cier

cier d'autres : mais d'ailleurs, c'est une raison pour n'être point surpris qu'elle porte les Femmes à des dereglemens qui deshonnorent la Religion, & causent tant de troubles dans la societé. Car plus un vice est infame, & plus les Femmes s'y livrent, * & même avec une espece de fureur. Aussi voiton par tout, & jusqu'à *Rome* des lieux publics, consacrés aux plus infames debauches, & ou l'on voit des filles & des Femmes, sans honte & sans pudeur, faire commerce de leurs corps. C'est le metier dont elles vivent. Mr. de St. *Didier*, Gentilhomme du Comte d'*Avaux*, dans la Relation qu'il nous a donnée de la ville de Venise, assure que *de dix filles qui s'abandonnent, il y en a neuf dont les meres & les Tantes font elles-mêmes*

E 2

mes le marché, & conviennent du
prix de la virginité de leurs filles,
pour un certain tems, moiennant
cent ou deux cents ducats, pour
faire, difent elles, de quoi les marier. Il ajoute qu'il *fe trouva un
jour à un Traite ae cette nature*,
& qu'un Gentilhomme étranger,
de fa connoiffance, etant depuis
quelque tems en marché pour une
fille, & differant toujours à donner une reponfe pofitive, fur ce
qu'il ne lui trouvoit pas affez d'em-
bonpoint, & qu'elle n'avoit pas
encore la gorge bien formée, la
Tante lui dit qu'il ne falloit pas
être plus long-tems à fe deteminer,
parce que le P. Predicateur d'un
des premiers Couvents de Venife
qu'elle nomma, etoit entré en traité; & avoit deja fait une offre
raifonnable. Il dit auffi que c'eft
l'opiniou commune de tout le monde à Venife, *qu'un feul frere fe
marie pour tous les autres, & que*
cela

cela ne se dit pas sans fondement, mais qu'il seroit inutile d'en vouloir donner des preuves . . . . . .
Il ajoute que *ceux qui connoissent autant Rome que Venise sont en peine de decider en laquelle de ces deux villes, il y a plus de Courtisannes, & plus de Libertinage.* Heureux! si ces desordres etoient renfermés dans les bornes de *l'Italie*, mais la corruption est passée du Sanctuaire au Parvis du Temple. Les Païs les plus eloignez de *Rome* cette ville si celebre du tems de St. *Paul*, par la foi des fidèles, ne lui cedent en rien pour la Debauche. En *France*, en *Allemagne*, en *Hollande*, &c. on voit à peuprès les mêmes desordres. On auroit aussi-tot trouvé un Cygne noir qu'une femme veritablement vertueuse. *

On

---

* *Rara avis in terris, nigroque simillima Cycne.* Juvenal. Sat. VI. vs. 164.

E 3

On me dira peut être qu'il n'y a
que des Femmes du commun qui
faſſent negoce de la vertu, ou plutot de l'impudicité la plus outrée.
Mais je n'en excepte point les Dames de la premiere volée. Qu'on y
prenne bien garde, elles donnent
ſouvent l'exemple, & elles autori-
ſent les deſordres ; car elles ſont
enhardies à commettre toutes ſor-
tes de crimes par l'impunité, qui
eſt un des privileges attachez à la
grandeur. Les mœurs ſont-elles
moins corrompuës aujourd'hui que
du tems d'*Horace* & de *Juvenal*?
Bien loin de là: j'oſe dire que les
paſſions augmentent & ſe fortifient
à meſure que le monde vieillit. Or,
quels n'etoient pas à *Rome*, & par
tout ailleurs les dereglemens des
Femmes de Diſtinction , ſous le
regne d'*Auguſte* & de ſes Succeſ-
ſeurs? Ne voyoit-on pas alors des
Dames qui pouvoient compter parmi leurs Ancêtres, je ne ſais combien

bien de Conſuls, aller impudemment ſe faire inſcrire chez les Ediles pour ſe mettre à l'abri de la rigueur des loix ? C'eſt ce que fit *Veſtilia* qui étoit d'une famille Pretoricnne, ſuivant en cela, dit *Tacite*, la coutume établie depuis long-tems à *Rome*, ou l'on croyoit aſſez punir les Femmes debauchées par la honte d'un aveu ſincere de leur Crime. *Suetone* * nous apprend, que les Dames Romaines aimoient mieux perdre les prérogatives & les honneurs attachez à leur naiſſance, & donner leur nom dans les Regiſtres publics des Ediles, que de ne pas s'abandonner à toute la corruption de leur cœur.

Juvenal nous repreſente † quelques

* Sueton. in Tiber. c. 35.
† *Lenonum ancillas poſita Sauſcia Corona*
Provocat & tollit pendentis præmia coxæ ...
Palmam inter Dominas virtus natalibus
Æquat. Juvenal. ſat. VI. vſ. 319. &c.

ques Dames de son siécle défiant à
l'Escrime d'Amour , les servantes
des Lieux infames ou elles alloient
éprouver leurs forces. Elles preferent , dit ce Poëte, la victoire
qu'elles y remportent à leur naissance même quelque illustre qu'elle
soit; & quand elles sont dans les
grottes obscures ou elles sacrifient
à Venus, agitées de transports furieux, elles s'ecrient toutes ensemble: „ Nous voici donc dans un
„ lieu ou tout nous est permis!
„ Qu'on nous amene des hommes.
„ Quoi ! nos amans sont endor-
„ mis ? He bien qu'on nous fasse
„ venir de jeunes garçons deguisez
„ en filles. S'il ne s'en trouve
„ point sur le champ , continue
„ Juvenal, elles font appeller des
„ Esclaves. Au defaut de ceux-ci ,
„ elles envoient querir, l'argent à
„ la main , des Porteurs d'eau.
„ Que sai-je ? Plutot que de ne
„ pas assouvir leur brutale passion,
elles

„ elles n'auroient pas honte d'a-
„ voir recours aux Bêtes mêmes. *
Encore un coup, il faudroit ne
guere connoître les mœurs de nôtre siécle, pour s'en former une
idée plus avantageuse. Si j'etois
homme à peindre d'après nature,
ou si l'on pouvoit dire la verité
sans courir aucun risque, je pourrois donner ici des Portraits, ou
l'on reconnoîtroit bien des Dames
de nos jours. Mais au defaut de cela, les Lecteurs judicieux pourront
appliquer à qui bon leur semblera
les paroles de Juvenal que je viens
de citer. C'est une copie dont il y
a eu dans tous les tems beaucoup
d'Originaux.

Après

---

* *Jam fas est, admitte viros, dormitat adulter?*
Illa jubet sumto juvenem properare Cucullo.
Si nihil est servis incurritur: abstuleris spem
Servorum, veniet conductor aquarius: hic si
Quæritur, & desunt homines, mora nulla
per ipsam
Quo minùs imposito clunem summittat Asello.
Juvenal Sat. 6. vf. 326.

Après tout l'Amour n'eſt condamnable qu'autant qu'il cauſe les
dereglemens dont on vient de parler. Quand cette paſſion eſt bien
reglée, & qu'elle ne nous fait point
franchir les bornes de la chaſteté &
de la pudeur, elle n'a rien que de
très-legitime.

Je ſais bien qu'un Amant eſt
toujours agité de quelque tranſ-
port, mais la paſſion qui le domine, & qu'on nomme, dans l'iſle
de Cythere, *la belle paſſion*, ne
lui fait pas toujours fouler aux pieds
les loix de la Religion & de l'honnêteté.

* Eſt-il rien de plus beau que l'innocente
flamme
Qu'un merite éclatant allume dans une ame?
Et ſeroit-ce un bonheur de reſpirer le Jour
Si d'entre les mortels on banniſſoit l'Amour?
Non, non, tous les plaiſirs ſe gouttent à le
ſuivre,
Et vivre ſans aimer, n'eſt pas proprement
vivre.

Les

* Moliere.

✺

Les biens, la gloire, les grandeurs;
Les sceptres qui font tant d'envie,
Tout n'est rien si l'Amour n'y mele ses ardeurs
Il n'est point, sans l'amour, de plaisir dans
la vie.

Mais ces maximes ne doivent pas
être prises au pied de la lettre. Elles ne sont pas vraies en tout sens,
& franchement, elles ne conviennent qu'à un très-petit nombre de
personnes. qui sont assez maîtresses
d'elles-mêmes pour dire:

Si pousser des soupirs & pleurer nuit & jour
C'est le premier tribut que l'on paie à l'Amour,
Avant qu'entrer sous sa puissance,
Je veux qu'il m'en donne quittance.

Car si l'on ne se sent pas assez de
force d'Esprit, pour eteindre,
quand on le voudra, les étincelles
qui pourroient causer un incendie,
il faut eviter jusques aux engage-
mens

mens les plus innocens. Les jeux
fe tournent quelques fois en affaires
ferieufes. Mais, en bonne foi,
qu'eſt ce que les Moraliſtes les
plus rigides, trouveroient de criminel dans les foupirs de deux jeunes cœurs faits l'un pour l'autre,
& qui fouhaitent paſſionement d'ê-
tre réunis par les liens du mariage?
Pourroient-ils blamer la jeune
L * * * de fes empſeſſemens pour
le Marquis de C* * *? Elle l'aime,
elle en eſt aimée. Du reſte, elle eſt
d'une vertu folide & reconnuë;
elle fuit avec autant de foins la
compagnie de tout autre homme,
qu'elle recherche avec avidité celle
de cet heureux Amant. Pour moi,
j'approuve en elle juſqu'à ces agréables fureurs de l'Amour, qui lui
font dire, après *Sapho*:

Heureux ! qui près de toi pour toi feul foupire,
Qui jouit du plaifir de t'entendre parler,
Qui te voit quelquefois doucement lui fourire;
Les Dieux dans fon bonheur peuvent-ils
  l'egaler ?

Je

Je fens de veine en veine une fubtile flame,
Courir par tout mon corps fi tot que je te vois
Et dans les doux tranfports ou s'egare mon
Ame
Je ne faurois trouver de langue, ni de voix.

Un nuage confus fe repand fur má vûe.
Je n'entends plus, je tombe en de douces
langueurs
Et pâle, fans haleine, interdite, éperduë,
Un friffon me faifit, je tremble, je me
meurs.

Oui, je le foutiens, quelqu'animé, & quelque paffioné que foit
ce langage, il eft très-permis à
L *** de le tenir. Son Amant eft
fage & digne d'elle. Les motifs qui
les font agir l'un & l'autre, font
juftes & Chrêtiens. On ne peut
donc raifonnablement, trouver
mauvais qu'ils fe temoignent reciproquement ce qu'ils fentent l'un
pour l'autre.

CHA-

❊❊❊❊❊❊❊❊❊❊❊❊

CHAPITRE VII.

De la Continence & de la Chasteté.

Y A-t'il encore dans le monde un reste de ces vertus que nos bons Peres appelloient Continence & Chastete? C'est-là une question qu'on me feroit, sans doute, après avoir lû le Chapitre precedent, si je ne la prevenois ici. Question à la quelle je repons que ces vertus ne font pas encore tout à fait bannies du Christianisme. Oui : on a encore la satisfaction de voir des Femmes vertueuses & chastes, au milieu de l'impudicité qui semble inonder le genre humain. Et je ne doute point que parmi ce grand nombre de Devotes qui peuplent les Couvents, il n'y ait quelques
vesta-

veſtales, douées du Don de Continence. La Grace eſt aſſez puiſſante pour les mettre en etat d'obſerver le vœu qu'elles ont fait, quoique temerairement, de *conſerver leur vaſe en ſanctification.* Parmi les filles, ſi la defenſe du ſeptieme commandement n'eſt pas capable de leur faire garder la chaſteté, du moins la crainte de l'infamie produit ce bon effet. Combien n'y en a-t'il pas qui ſont l'Original du *Paſtor fido,* & qui diſent dans le ſecret de leur cœur, ou dans un tête à tête paſſioné :

> Que vôtre bonheur eſt extrême,
> Vous qui n'avez dans vos Amours
> D'autre regle que l'Amour même !
> Que j'en vie un ſemblable fort,
> Et que nous ſommmes malheureuſes,
> Nous de qui les Loix rigoureuſes
> Puniſſent l'Amour par la mort !
> Ha! que l'on aime peu quand on craint de
>   mourir;
> Myrtile, plut au ciel qu'une mort inhumaine,

Fut

Fut du peché la feule peine,
Je ferois gloire d'y courir?
Seule regle des belles ames,
Et le premier Dieu de mon cœur,
Honneur, voi que je fais à ta fainte rigueur
Un facrifice de mes flammes.

Ainfi la crainte de la mort, ou des jugemens de Dieu, n'eft pas le principe de la chafteté des Femmes. L'enflure qui eft quelquefois la fuite d'un commerce criminel, un certain refte de pudeur qui empêche les plus paffionées de faire toutes les avances: un noble orgueil, & d'autres paffions de cette nature y contribuent beaucoup plus que toute autre chofe.

Mais, pour le dire franchement; je ne fuis point de ces Moraliftes rigides, qui pretendent, & foutiennent d'un ton decifif qu'on peut être impudique, non feulement par les actions, & par les paroles obfcenes, mais encore par les penfées. Nous ne fommes point maîtres

tres de nos defirs, ainfi on ne peut
condamner que le plaifir qu'on y
prend, au lieu de s'oppofer à ces
aiguillons involontaires de la chair.
Deforte que, felon mes principes,
on ne pêche réellement contre la
chafteté & contre la Continence,
que quand on fouhaite paffioné-
ment, de faire des chofes oppofées
à ces vertus. Toute femme, par
exemple, qui fe fent très-difpofée
à commettre un adultere, & qui
vit dans l'efperance d'affouvir un
jour fes defirs criminels, en peut
conclure hardiment que quoique
fon corps foit chafte, elle eft coupable devant Dieu du crime qu'elle
auroit commis fi elle en avoit trouvé l'occafion. * ,, ha! que l'on fe
,, trompe, dit Mr. *Bayle*, fi l'on
,, croit faire pour l'Amour de
,, Dieu, tout ce qu'on fait de louable,

* . . . *Servatis benè corpus, adultera mens eft.*
Ovid. *Amor.* l. 3. El. 4.

F

„ ble, à moins que l'on n'ait
„ éprouvé que l'on s'abstient des
„ choses qui nous sont plus che-
„ res, dez qu'on s'aperçoit que
„ Dieu nous les a defenduës. Un
„ homme qui aime les Femmes
„ & qui contente sa passion le
„ plus qu'il peut, mais qui d'ail-
„ leurs est si sobre, qu'il ne
„ hait rien tant que de rompre
„ son Regime, & qui ne pour-
„ roit boire du vin pur sans
„ gagner des maux de têtes fort
„ violens, qui est outre cela
„ grand Poltron, & ne sait ce
„ que c'est ni d'Epée, ni de Pis-
„ tolet, n'auroit-il pas bonne
„ grace de se faire un merite
„ devant Dieu de ce qu'il ne
„ s'enivre point, ni ne vole point
„ sur les grands chemins ? Qu'il
„ renonce à l'impudicité à la
„ quelle il est si sensible, qu'il se
„ fasse cette violence-là par la
„ raison que Dieu le lui a com-

man-

„ mandé, & alors on prendra
„ pour bon tout ce qui eſt en lui
„ de louable : autrement il nous
„ permettra de croire que ſon
„ averſion pour l'yvrognerie &
„ pour le vol, eſt une vertu à la
„ quelle ſa foi n'a nulle part, &
„ qu'il retiendroit toute entiere
„ quand même il renonceroit au
„ Chriſtianiſme. „ Il en eſt de
même de toutes les Femmes qui ſe
ſentent capables de commettre
quelqu'action criante. Elles ont
une paſſion favorite qu'elles culti-
vent avec ſoin, bien loin de vouloir s'en defaire. Du reſte, elles
ſont aſſez reglées; elles s'en ap-
plaudiſſent, & ſe figurent qu'elles
font un grand ſacrifice à Dieu en
s'abſtenant de certains vices qui
les dèshonnoreroient dans le
monde & les perdroient de reputation. Mais, Meſdames, qu'il
me ſoit permis de vous dire ingenûment ce que je penſe là deſſus,

& de le dire après le même Auteur que je viens de citer. *Si vous etiez capables de faire un grand sacrifie à Dieu, vous comprendriez bien que ce seroit vôtre passion favorite qu'il faudroit sacrifier, & qu'on ne sacrifie pas les passions aux quelles notre temperemment nous rend insensibles,* ou que le seul point d'honneur nous empêche de suivre aveuglement. Consultez-vous là dessus, & soyez persuadées que toutes les vertus qui n'ont que des vûes humaines & charnelles pour principes, sont bien quelque chose de beau aux yeux des hommes, mais que devant Dieu, qui *sonde les Reins & les cœurs,* ce ne sont que des Pechez éclatans, selon l'expression de *St. Augustin.*

CHA-

CHAPITRE VIII.

Du mariage.

DAns les premiers siécles du Christianisme, quelques Peres de l'Eglise, infatués d'un faux Principe, emprunté des Païens, qui avoient reconnus l'excellence du Celibat, preferoient cet Etat á celui du mariage. Quelques uns d'entre ces SS. Docteurs, ont outré leurs idées sur cette matiere jusqu'à dire que le *mariage etoit un usage illegitime & impur.* * Mais assurement, il

F 3   n'y

---

* Justin de Resurrect. *Il y a des Femmes qui n'etant pas d'abord steriles, sont demeurées vierges, & se sont abstenuës de tout commerce charnel. D'autres s'en sont abstenuës depuis un certain tems. Il y a aussi des hommes, qu'on voit garder la continence dez le Commencement & d'autres depuis un tems, ensorte qu'ils renoncent à l'usage illegitime du mariage, par lequel on satisfait les desirs de la chair.*

n'y eut jamais rien dans l'Ecriture
qui puisse autoriser une opinion si
extravagante. Et même, j'ose dire
(faisant abstraction du pouvoir in-
vincible de la grace) que le mariage est le seul moïen de conserver
la chasteté, & que c'est l'unique
remede aux feux de la concupiscence; car tout le monde n'est pas de
l'humeur d'un saint visionaire. C'est,
si je ne me trompe le bon François
d'Assise, Patron des Gueux, lequel
se vautroit dans la neige pour arrêter certains mouvemens impetueux
de la chair & pour garantir, la Rob-
be de Chasteté des flammes du plaisir. Quelle chaleur dans un Moine!

Les hommes & les Femmes pris
separement, ne sont pour ainsi dire, que des Creatures imparfaites,
& comme une moitié les unes des
autres. L'humanité divisée en deux
Sexes n'est proprement entiere que
par l'union de tous les deux. Chaque Sexe a reçu certains merites
d'agré-

d'agrémens qu'il doit à l'autre Sexe;
& c'est cette communication mutuelle de beautez particulieres, qui
fait la beauté generale de la nature.
De là vient cette pente presqu'in-
vincible que nous avons à nous faire part des graces qui nous embel-
lissent. Celui qui les possede n'en
est point touché, parce qu'il doit
aspirer à d'autres: mais celui qui
les voit, en est charmé, parce
qu'elles lui sont propres; & qu'elles ne sont faites que pour lui. Ce
jeu de la nature qui ne nous a se-
parez que pour nous raprocher de
plus près, est aussi ancien qu'elle
même; & l'on a toujours vû les
deux Sexes se redemander l'un à
l'autre, cette portion d'eux mêmes
qui leur manque, & se sommer
reciproquement de se communiquer leurs perfections, pour ne
faire tous ensemble qu'un seul corps
d'humanité, qui puisse augmenter
ses forces par son union, & eten-
dre

dre fa durée par fes forces.* je ne
doute point que les Peres de l'E-
glife qui ont tant clabaudé contre
le mariage n'aient fenti , comme
nous, ces impreffions fecretes de
la nature, qui devoient les obliger
à parler tout autrement qu'il n'ont
fait. Mais entre nous, peut etre
que par des expreffions qui paroîl-
fent & qui font en effet fi dures , ils ont feulement voulu dire ;

- - - - - Qu'on fait mieux fon affaire
Sans l'avis d'un Curé , ni le feing d'un Notaire,

Ou tout au moins qu'il ne faut
rien precipiter dans une affaire de
cette importance , & de toute la
vie. Qu'il faut connoître les inclinations d'une Femme avant de s'u-
nir à elle par des liens indiffolu-
bles; & qu'après avoir pris toutes
                                    les

* V. Les Amours d'Horace p. 132.

les précautious imaginables, on a
encore tout le tems de se repentir
de son choix. Si c'etoit là leur pensée, il n'y a rien de mauvais. Bien
loin de là: elle renferme un conseil que tout homme raisonnable devroit suivre, & qui est bien exprimé par cette Epigramme:

> Ami, je voi beaucoup de bien
> Dans le parti qu'on me propose;
> Mais toutefois ne pressons rien,
> Prendre femme est étrange chose.
> Il y faut penser mûrement,
> Sages gens en qui je me fie,
> M'ont dit que c'est fait prudemment
> Que d'y songer toute sa vie.

On voit bien, sans que je le dise, que la conclusion de ce dernier
vers n'etant là que pour la rime,
& pour la chûte de l'Epigramme,
on auroit tord de prendre cet avis
à la rigueur, & de s'en servir pour
se dispenser du mariage. Si c'etoit
là le sens qu'on dut lui donner, il se-

roit très-criminel, puis qu'il ten-
droit à la deſtruction de nôtre eſpece. Mais, ſi l'on ne doit pas *ſonger
toute ſa vie* au mariage, il faut du
moins y penſer très-long-tems.
Combien d'hommes pour s'etre mariés ſans reflexion, & par un *in-
promptu* d'Amour, vivent avec
leurs Femmes d'une maniere ſcan-
daleuſe. Toutes les humeurs ne
ſympatiſent point les unes avec les
autres, & il y a plus d'un mari
qui pourroit dire après Mr. *Paſſe-
rat* :

Celui qui n'a pas vû comment la Mer Egée,
Heurtant contre ſa rive écume en ſa fureur:
Comment la foudre craque, éclatant ſon
   horreur
Sur quelque groſſe tour dont la etre eſt
   chargée :

Qui n'a pas vû comment la Lionne outragée
D'un rugir gemiſſant ſe fend preſque le cœur,
Et ce qu'oit le chaſſeur à demi-mort de peur
Laiſſant ſur l'autre bord la Tigroſſe enragée :

Qu'il

Qu'il vienne à mon logis, il entendra souvent
Les muglemens des bœufs, les orages, le vent,
Les Tambours, les Canons, la foudre & la
    tempête :

Il entendra l'enfer ; & ce qu'on peut nom-
    mer
D'impetueux au Ciel, en la terre, en la mer,
Ma Femme, cher Ami, seule a tous dans
    sa tête.

Tout bien consideré, on ne peut blamer *absolument* le Heros que *Boileau* fait parler dans sa Satyre contre le mariage. Tout ce qu'il lui fait dire est sentences, & toutes sentences vraies à certains egards, & fondées sur l'experience journaliere, qui nous apprend à n'en pouvoir douter que pour la plupart des gens.

L'hymen avec la joye a tant d'antipatie
Qu'on n'a que deux bons jours, l'entrée &
    la sortie.
Si l'on en trouve plus, c'est par un cas fortuit ;
L'on a cent mauvais jours pour une bonne
    nuit.

Nean-

Neanmoins , cette verité n'eſt pas ſi generale qu'elle excluë toute exception. Il y a des mariages heu‑reux, & quand ils ſont tels, c'eſt ſans contredit le plus beau & le plus aimable Etat de la vie.

Quelle joie en effet, quelle douceur extrême!
De ſe voir careſſé d'une Epouſe qu'on aime:
De s'entendre apeller *petit cœur*, ou *mon bon*;
De voir autour de ſoi croître dans ſa maiſon,
Sous les paiſibles loix d'une agréable mere,
De petits Citoïens *dont on croit être pere!*
Quel charme! au moindre mal qui nous vient
        menacer,
De la voir auſſitot accourir, s'empreſſer,
S'effraïer d'un peril qui n'a point d'apparence,
Et ſouvent de douleur ſe pâmer par avance.

Pour gouter ces douceurs dans le mariage, le Mari & la Femme doivent contribuer reciproquement à leur felicité. Ils doivent ſuivre les préceptes de *St. Paul* qui or‑donne à l'homme *d'aimer ſa Fem‑me comme J. C. aime ſon Egliſe*; & à la Femme *d'être ſoumiſe à*
                        ſon

ſon mari en toutes choſes. Tous deux doivent ſe garder une fideli-té inviolable, & l'entrée de leur cœur doit être entierement fermée à la jalouſie. Car qu'y gagneroit-on, à agir autrement? Des inquie-tudes mortelles, ſuivies de toutes les précautions imaginables, peu-vent elles nous garantir du Cocua-ge? Au contraire: plus une Fem-me eſt genée, & plus il eſt à crain-dre qu'elle ne vienne à bout de ſes deſſeins. Une preuve de cela, c'eſt qu'on voit beaucoup plus de deſor-dres en *Italie* & en *Eſpagne* ou les Femmes ont peu de liberté, qu'en France, ou elles peuvent recevoir des viſites à toute heure. Telle eſt la perverſité, & la bizarrerie de nos inclinations. Nous nous por-tons violemment à ce qui nous eſt defendu ; & la liberté ſemble é-mouſſer nos deſirs. On pêche moins, quand on peut le faire im-punément. On ne fait qu'irriter les
paſ-

paſſions, en voulant les dompter :
le plus ſûr moïen de les vaincre,
c'eſt de leur laiſſer le champ libre. *
Lucien accompagne ſa Femme, à
l'Egliſe, aux promenades, dans
les viſites qu'elle rend à ſes amies ;
eu un mot elle ne va jamais ſeule.
Ce jaloux prend toutes les précautions du monde pour n'être point
coëffé de la façon de Geronte.
Quand il ſort pour vacquer à ſes
affaires, & que la bienſeance ne lui
permet pas de mener avec lui ſa
moitié, il la ferme dans une Chambre ; mais le pauvre ſot eſt duppé.
A peine eſt-il ſorti que la ſervante,
d'intelligence avec ſa maîtreſſe, court
en donner avis à Geronte. Elle l'introduit dans l'appartement de la belle Priſonniere, par une Porte qu'on a
                                    mena-

___

* *Cui peccare licet, peccat minus : ipſa poteſtas*
  Semina nequitiæ languidiora facit.
Deſine, crede mihi, vitia irritare vetando :
  Obſequio vinces aptiùs illa tuo.
        Ovide *amor.* lib. 3. Eleg. 4.

menagée avec beaucoup d'art, sous la tapisserie, & derriere le Lit. Représentez vous, si vous le pouvez, ce que font alors les deux Amans. Les maris doivent apprendre de cet exemple que le meilleur parti qu'un honnête homme puisse prendre, c'est de se reposer entierement sur la bonne foi de son Epouse. C'est le moïen le plus sûr de n'être point trompé. Finissons ce Chapitre par une reflexion que j'emprunte d'un Auteur qui seroit très mal dans ses affaires, s'il n'étoit pas mieux connu de Dieu, que de moi.

,, Le mariage, dit-il, est un Païs de
,, ridiculitez, en même tems que
,, c'est un Païs d'epreuvé & de pa-
,, tience. De quelque maniere que
,, l'on en sorte, c'est par violence.
,, L'Amour est l'introducteur, &
,, quitte presque toujours à l'entrée.
,, Au defaut de l'Amour, c'est l'in-
,, terêt qui introduit. Dans la sui-
té,

„ te, c'eſt la haine ou l'indifferen-
„ ce, qui prennent le ſoin de con-
„ duire. Le but de ceux qui voïa-
„ gent dans ce païs eſt ſouvent ex-
„ traordinaire & biſarre, tout le
„ monde a du penchant pour y
„ voiager ; il en eſt peu qui ne ſe
„ repentent d'y être entrés. Quel-
„ le ſource de ridicule !

„ La meilleure raiſon que l'on
„ puiſſe donner de la diſcorde qui
„ ſuit après le mariage, c'eſt que
„ l'Epoux & l'Epouſe n'y ſont
„ plus animés du même Eſprit.
„ Avant le mariage, l'Amour ou
„ l'interêt les regiſſoit, après le
„ mariage c'eſt le Dieu Hymen qui
„ repand ſon eſprit ſur les mariés.

„ Si vous me de mandez quel eſt
„ cet Eſprit, je vous avertis qu'il
„ eſt difficile à definir. Je vais
„ pourtant vous en donner une foi-
„ ble idée.

„ Le Dieu Hymen eſt imperieux,
„ il aime à faire des reproches, &
n'en

„ n'en souffre pas volontiers: il eſt
„ penetrant, il eſt ſubtil ; il voit
„ & enſeigne trop de choſes. L'eſ-
„ prit d'Amour au contraire n'en
„ connoit jamais aſſez. Avant le
„ mariage, on etoit d'accord, par-
„ ce que l'on alloit au même but ;
„ car tout ce que l'Amour ſait fai-
„ re, c'eſt de réunir pour un tems,
„ & d'une ſeule maniere: au contrai-
„ re, l'hymen ſait dèſunir pour
„ toujours en mille façons. De
„ plus: dans le mariage, on s'en-
„ nuye de ſe rencontrer toujours
„ l'un l'autre. De là les contrarie-
„ tés, la biſarrerie, les regrets. Je
„ n'en dirai pas d'avantage , de
„ peur d'en dire encore trop peu.
„ Il eſt ſi vrai qu'une vue con-
„ tinuelle ennuye & importune,
„ que bien des mariez trouvent le
„ ſecret de s'aimer en ne ſe voyant
„ preſque jamais. ”

CHA-

CHAPITRE IX.

De l'Esprit & de la science.

LEs Femmes se plaignent que les hommes veulent qu'elles aient de l'Esprit, mais pour le cacher, l'arrêter & l'empêcher de rien produire. „ Il ne sauroit pren-
„ dre l'essort, disent-elles, qu'il
„ ne soit aussi tot rapellé par ce-
„ qu'on nomme bienseance. La
„ gloire qui est l'Ame & le soutien
„ de toutes les productions d'esprit
„ leur est refusée. On ôte à leur
„ esprit tout objet, toute esperan-
„ ce ; on l'abbaisse, & pour le di-
„ re avec *Platon*, on lui coupe les
„ aîles. Il est bien étonnant qu'il
„ leur en reste encore. ” Mais je
doute que ces plaintes soient bien

fon-

fondées. Elles ne doivent s'en
prendre qn'à l'Education qu'on leur
a données si elles font genées sur le
fait des productions d'esprit : &
comme elles ne font point elevées
fous les yeux des hommes, c'eft à
tord qu'elles nous accufent de leur
couper les aîles. ,, Par quelles loix,
,, dit Mr. de la *Bruyere*, par quels
,, Edits, par quels refcripts leur a-
,, t'on defendu d'ouvrir les yeux
,, & de lire, de retenir ce qu'elles
,, ont lû, & d'en rendre compte
,, ou dans leur converfation, ou
,, par leurs ouvrages? Ne fe font
,, elles pas au contraire etablies el-
,, les-mêmes dans cet ufage de ne
,, rien favoir, ou par la foibleffe
,, de leur complexion, ou par la
,, pareffe de leur efprit, ou par le
,, foin de leur beauté, ou par une
,, certaine legereté qui les empê-
,, che de fuivre une longue etude,
,, ou par le talent & le genie qu'el-
,, les ont feulement pour les ou-

vra-

„ vrages de la main ; ou par les
„ diftractions que donnent les de-
„ tails d'un Domeftique, ou par
„ un eloignement naturel des cho-
„ fes penibles & ferieufes, ou par
„ une curiofité toute differente de
„ celle qui contente l'Efprit, ou
„ par un tout autre gout que celui
„ d'exercer leur memoire."

On admire les productions ?
Saphos, des *Corines*, des *Desru-*
ches, des *Desgournay*, des *Scude-*
ry, des *Deshoulieres*, des *Da-*
ciers. On vante leur gout, leur fi-
neffe, leur legereté dans le ftile,
leur delicateffe à rendre ce qu'elles
penfent. Mais qu'eft ce que tout
cela, demande froidement un Mifantrope? C'eft l'effet d'une imagination echauffée, & rien plus. Il
n'y a que du brillant, & point de
folide. Des ouvrages de la nature
de ceux de ces heroïnes qu'on vient
de nommer, ne peuvent plaire qu'à
des genies fuperficiels. „ On regarde

,, garde une Femme fçavante com-
,, me on fait une belle arme, elle
,, eſt cizeleé artiſtement, d'une
,, poliſſure admirable, & d'un tra-
,, vail fort recherché, c'eſt une
,, piéce de Cabinet que l'on mon-
,, tre aux Curieux, qui n'eſt pas
,, d'uſage, qui ne ſert ni à la guer-
,, re, ni à la chaſſe, non plus
,, qu'un cheval de manege quoique
,, le mieux inſtruit du monde. ''
Pourquoi a-t'on attaché une eſpece
de honte au ſavoir des Femmes?
c'eſt qu'elles ne peuvent être ſa-
vantes qu'à demi. Ainſi pour eviter le ridicule, il vaut beaucoup
mieux qu'elles ſoient tout à fait
ignorantes. Honte pour honte, elles n'ont pas eu tort de choiſir celle qui leur rendoit d'avantage, &
de ſe livrer au plaiſir. Cependant je
ſuis bien eloigné d'approuver les
deſordres qui ont ſuivi ce choix,
& qui ne font tous les jours que
croître & embellir. Du reſte, je

ne

ne pretends point nier que les Femmes aient de l'esprit : j'ai même remarqué ailleurs que c'est par cet endroit qu'elles nous plaisent. Mais je ne puis convenir qu'elles aient un esprit assaisonné d'assez de jugement pour réussir dans l'etude des sciences abstraites. Approfondir les misteres de la nature, quintessencier les Elemens, se frayer une route dans les abîmes des tems, sont des choses fort au dessus de leur portée. Qu'elles cessent donc de nous envier un avantage que nous avons réellement plus qu'elles du coté de l'Esprit, & qu'elles apprennent enfin à se servir de leurs petites lumieres, pour mieux s'assujetir au service de Dieu, sans donner dans une excessive Devotion.

Clorinde n'employe plus dans la conversation que des termes choisis, & des termes de l'art dont elle parle : elle se recrie sur le moindre

dre mot hazardé : elle lit affidu-
ment tous les nouveaux ouvrages;
elle decide de leur merite & y met
le prix. Elle sçait le Latin & le
Grec : pour le François, Bon Dieu!
elle pourroit corriger le Dictionai-
re de l'Academie, elle a fait des
changemens confiderables dans
l'exemplaire qu'elle en a : en un
mot c'est une sçavante qui decide
de tout & de tout bien. Tel est le
portrait que *Zolippe* fait de *Clorinde*, à tous ceux qui ont la patience de l'ecouter. Mais qu'on ne s'y
trompe point; je connois *Clorinde*,
& je juge tout autrement de son
Esprit & de sa science. Quoiqu'en
puisse dire le colleporteur de son
merite, je ne trouve en elle aucun
fonds de raisonnement; beaucoup
de nullitez, encore plus de puerili-
tez, mais rien d'approfondi. Elle
recite des passages entiers des Auteurs qu'elle a lû, mais c'est là
toute la science. Sa cervelle est un

G 4   repe-

repertoire mal en ordre des plus beaux endroits des Poëtes Grecs, Latins & François. Toujours les yeux fichez fur des *in folio*, elle s'arrete à en apprendre quelques Lambeaux par cœur , & elle les debite enfuite avec une volubilité étonnante, mais fouvent très-mal à propos. Elle fait couler de fa bouche un fi grand torrent de paroles , que les Grammairiens les plus accoutumez à criailler dans leurs Ecoles , les Orateurs même les plus vehemens , tout fe tait devant elle : un Avocat , un crieur public, que dirai-je une autre Femme & c'eft beaucoup dire , auroit beau elever fa voix , on ne l'entendroit point. Elle feule fait plus de bruit que toutes les cloches de la ville. * Elle ne fçut jamais l'art d'examiner fi un fiftême eft bien ou mal

* Cedunt Grammatici , viniuntur Rhetores , omnis

mal fondé. Un auteur qui parle en maître, qui decide avec confiance sur une queſtion qu'il n'entend pas, a toujours raiſon, pourvu, d'ailleurs que ſon ſtile ſoit à la mode; car c'eſt là une condition ſans la quelle on ne peut emporter ſon approbation. Preuve de cela, c'eſt que dans une viſite que je lui rendis, il y a quelques jours, elle me vanta beaucoup *l'eſſai Philoſophique ſur l'ame des Bêtes:* * elle en admiroit la ſolidité, & chaque propoſition, quoique deſtituée de preuves lui paroiſſoit une Demonſtration. ,, Qu'on eſt redevable à cet ,, Auteur, me dit-elle d'un ton ,, fort animé! Qu'on lui eſt redevable d'avoir attaqué avec tant de

Turba tacet: nec Cauſſidicus, nec Præco loquatur;
Altera nec mulier: verborum tanta cadit vis
Tot paritur pelves, tot tintinnabula dicas
Pulſari. Juvenal Sat. VI. vſ, 437.

* Cet ouvrage fut imprimé à *Amſterdam* chez *Changuion* l'année derniere 1728.

„ de force le fiſteme de Deſcartes,
„ & celui de Bayle, ſur l'ame des
„ Bêtes! Le premier, en ſoutenant
„ que les Animaux qu'on nomme
„ vulgairement irraiſonnables, ſont
„ de pures machines, ſemble don-
„ ner lieu de douter de l'exiſtence
„ de nôtre ame; & le ſecond, en
„ avançant que l'Ame des Bêtes,
„ eſt ſemblable à la nôtre, *a por-*
„ *té*, comme le dit fort bien l'Au-
„ teur, *à la Religion & à la mo-*
„ *rale les coups les plus dange-*
„ *reux.* Clorinde s'echauffoit en
ſon harnois, & elle auroit dit bien
d'autres impertinences; mais je
l'interrompis un peu bruſquement,
pour lui faire remarquer que le Philoſophe dont elle prenoit le parti ſi
fort à cœur, & qu'elle citoit avec
complaiſance, auroit dû eviter de
donner priſe ſur lui même du coté
de la Religion & de la morale:
„ car, lui dis je, outre qu'il ne
„ prouve rien contre les deux
grands

„ grands hommes qu'il attaque *,
„ il mene ſes Lecteurs droit à l'im-
„ pieté : & il ne tient pas à lui
„ que nous ne doutions de l'im-
„ mortalité de nôtre ame †. Mais,
con-

* 1. L'Auteur de *l'Eſſai Philoſophique* ne
prouve rien contre Deſcartes. *Il avouë que
Dieu peut produire une machine qui, ſans la
Direction d'une Ame qui lui ſoit unie, execute
tout ce qu'on voit faire aux Bêtes*, & au commencement du Chap. VI. il confirme cet aveu.
Pour dire enſuite quelque choſe de ſolide, il
faudroit prouver que Dieu n'a pas fait, ce
qu'il peut faire à cet egard. Or, l'auteur ne
le prouve point, & même il eſt impoſſible de
le faire.

2. Bien loin de refuter Mr. Bayle, il rentre
dans le ſiſteme de cet Auteur; car ces *differences ſpecifiques* que l'auteur de *l'eſſai* etablit entre
les eſprits, n'etant point eſſentielles, l'ame des
Bêtes ne peut être eſſentiellement diſtinguée de
celle de l'homme, & c'eſt-là tout ce que Mr.
Bayle a voulu dire.

† Dans le Chapitre XII. de l'Eſſai Philoſophique, on etablit l'Ame des Bêtes eſt mortelle, & cela après avoir prouvé qu'elle eſt
Spirituelle. Si les preuves de la Spiritualité de
l'Ame des Bêtes, ſont ſolides, ce qu'on n'a-
vouë pas, elles detruiſent la principale preuve
de l'Immortalité de nôtre ame: preuve qui eſt
tirée de ſa Spiritualité. Il eſt vrai que, pour
voiler cette impieté, il eſſaye de donner de
puiſ-

„ continuai-je d'un ton un peu ra-
„ douci, & qui laiſſoit entrevoir
„ l'Ironie, je gage que j'ai deviné
„ la raiſon qui vous engage à defen-

puiſſantes raiſons comme il les appelle, pour
croire nos ames immortelles, qui, dit-il, ne
ſçauroient avoir lieu pour celles des Bêtes.
Mais quelles, ſont elles ces puiſſantes raiſons?
je ne les raporterai point ici: on peut conſul-
ter l'ouvrage ou elles ſont deduites; & on re-
connoîtra, ſans peine l'egarement & l'embarras
de l'Auteur. Si ſon principe de la ſpiritualité de
l'Ame des Bêtes eſt vrai, toutes ces puiſſantes
raiſons ſont applicables aux animaux qui ont
vie, puis qu'il avouë lui-même que *l'immate-*
rialité de l'Ame eſt un fondement ſur lequel il
faut bâtir; ſi l'on veut prouver ſon immortalité,
par les lumieres naturelles. Ou ce fondement eſt
ruineux, ou bien il eſt applicable aux ames
des bêtes comme à celles des hommes, ſuivant les principes de l'Eſſai Philoſophique.
Mais, pour rendre plus ſenſible l'impieté du
ſiſteme de cet Auteur, reduiſons le en forme
de ſillogiſme.

On eſt ſûr de l'immortalité de l'ame par
ſon immaterialité:

Mais, les Ames des Betes ſont mortelles
quoiqu'immaterielles, & qu'il n'y ait point
de differences eſſentielles entr'elles & celles
des hommes.

Donc, *à Pari.*

La Conſequence coule deſource.

„ fendre fon fifteme avec tant de
„ chaleur. Expliquez-vous, me
„ dit elle. Très volontiers, Ma-
„ dame, repondis-je: voici, pour
„ vous fatisfaire ce qui me vient
„ dans la penfée. Surquoi l'Auteur
„ de L'eſſai Philofophique fe fon-
„ de-t'il pour foutenir que l'ame
„ des Bêtes eſt mortelle, bien
„ qu'elle foit fpirituelle ?. Ce ne
„ peut être que fur les differences
„ fpecifices des efprits ; differen-
„ ces qu'il a imaginées *gratis*. Or,
„ ces differences ne confiſtent, fe-
„ lon lui, que dans le plus ou le
„ moins d'etenduë d'idées. Ainfi,
„ Madame, vous trouvez votre
„ compte dans un fifteme qui vous
„ aſſure de l'immortalité à la quel-
„ le un Païfan, par exemple, ne
„ peut point pretendre, car fes
„ idées étant très-bornées, il eſt
„ confondu avec les Bêtes; au lieu
„ qu'une perfonne auſſi fpirituelle
„ & auſſi fçavante que vous l'etes
eſt

„ eſt diſtinguée de toutes les au-
„ tres creatures, par la plus belle,
„ & la plus avantageuſe, preroga-
„ tive qu'on puiſſe deſirer. ”

Notre converſation s'echauffa
beaucoup ſur cette matiere, mais
je trouvai tant d'obſtination dans
Clorinde ; & je lui parlai ſi peu re-
ſpectueuſement de *ſon Philoſophe*
qu'enfin nous nous quittames fort
mal ſatisfaits l'un de l'autre, & je
ſortis de ſa nombreuſe Bibliotheque, très-convaincu que la ſcience
des Femmes n'éſt autre choſe qu'un
grand entêtement, ſoutenu d'une
imagination vive qui charme les genies ſuperficiels, & qui ne veulent
pas ſe donner la peine de rien approfondir. L'experience me con-
vainquit en ce rencontre,, *qu'il y
„ a des gens qui gagnent à etre
„ extraordinaires : ils voguent, ils
„ cinglent dans une mer ou les autres

* La Bruyere.

„ tres échouent & se brisent; ils
„ parviennent en blessant toutes
„ les regles de parvenir; ils tirent
„ de leur irregularité & de leur fo-
„ lie tous les fruits d'une sagesse la
„ plus consommée . . . . . . Les
„ Connoisseurs, ou ceux qui se
„ croient tels, se cantonnent & se
„ divisent en des partis contraires,
„ dont chacun, poussé par un tout
„ autre interêt que celui du public
„ ou de l'Equité, admire un cer-
„ tain Poëme, ou une certaine
„ musique, & sisle toute autre.

※※※※※※※※※※※※※※※※※※※※※

CHAPITRE X.

Du Secret.

SI l'on avoit affez de force d'efprit, & que l'on fut affez
maitre de fes paffions pour garder
le fecret, il y auroit bien moins
de defordres dans la Societé civile.
Mais par malheur, notre nature eft
la foibleffe même. Nons nous con-
fions à des gens qui ne cherchent
qu'à nous *tirer les vers du Nez*
pour mettre à profit, aux depens
de leur honneur, les aveux que
nous leur faifons ou fur nôtre compte, ou fur celui des autres. Le fecret eft, pour les ames foibles, un
pefant fardeau dont elles fe dechar-
gent, fouvent fans faire attention
aux confequences facheufes de leur
indifcretion. Nous nous plaignons

aimé-

amérement de leur infidelité, &
nous les accufons de trahifon ; ce
pendant nous fommes les plus coupables, puis que nous nous fommes trahis les premiers. Nous ne
pouvons vivre fans avoir un Confident : he ! pourquoi n'auroit-il pas le
fien ? Ennemis jurés de la contrainte, nous cherchons d'abord à nous
mettre à notre aife. Nous voulons
nager en pleine eau ; &, fuivant
cette fauffe maxime, qu'*on ne doit
avoir rien de caché pour fes amis,*
nous laiffons voir à decouvert le
fonds de notre cœur à ceux que
nous croyons tels, & par ce moien,
tout fe fait. *Le fecret*, dit l'Abbé
de *Varennes*, * *paffant ainfi des
uns aux autres, va fe rendre au
Public comme à fon centre.* Nous
nous apercevons alors, mais trop
tard, que ce que nous avions le
plus interêt de cacher eft connu de
tout

* *Les hommes chap. XI.*

H

tout le monde. Desorte que la prudence veut que nous ne faffions d'autres confidences que celles qui ne peuvent nous etre nuifibles. Elle nous oblige encore à vivre avec nos meilleurs amis comme avec gens qui peuvent devenir nos Ennemis. Cette maxime, dira-t'on, ne peut fortir que de la bouche d'un Jefuite. Patience! On auroit raifon de la cenfurer, comme injurieufe à l'amitié, s'il etoit poffible de trouver de veritables amis. Il eft vrai que dans le monde, on fe fait de grandes civilitez, des offres reciproques de fervice: on fe donne la main; mais, c'eft pour fe trahir: car,

> Sacrifier à fa fortune
> La juftice, les loix, & la fidelité;
> Meprifer les devoirs de la focieté,
>   Quand on nous voit dans l'infortune:
>
> Railler aux depens de l'honneur,
> Etre Politique & flatteur,

Se

Se faire un jeu de l'imposture ;
Mettre l'heureux du siécle ou deffus du heros,
Louer, blâmer mal à propos,
Se venger de la moindre injure :

Promettre & rarement tenir ;
Etre Civil, mais peu fincere,
Baifer celui qu'on veut trahir :
Sous le masque trompeur d'une vertu fevere ;
Empoifonner la plus pure vertu,
Dans le pauvre impuiffant voir le moin-
dre fêtu :

Servir le crime heureux, & chercher à lui plaire,
Adorer les vices des Grands,
C'eft là le Caractére
Des Amis de ce tems.

Sans hyperbole, fans figure ;
La candeur n'eft plus qu'à bas prix ;
L'amitié change de nature.
Le plus grand des malheurs c'eft d'avoir des
amis.

Des faux amis s'entend ; & il
n'y en a presque pas d'autres. C'eft
ce que n'ignoroit pas Socrate, dont
Mr. La Fontaine a joliment rendu
la penfée par ces vers:

H 2

Socra-

Socrate un jour faifant bâtir
Chacun cenfuroit fon ouvrage,
L'un trouvoit les dedans, pour ne lui point
    mentir
    Indignes d'un tel perfonage :
L'autre blâmoit la face, & tous etoient d'avis
Que les appartemens en etoient trop petits.
Quelle maifon pour lui ? l'on y tournoit à peine.
    Plut au Ciel que de vrais amis
Telle qu'elle eft, dit-il, elle pût etre pleine !
    Le bon Socrate avoit raifon
De trouver pour ceux là trop grande fa maifon
Chacun fe dit ami ; mais fou qui s'y repofe,
    rien n'eft plus commun que ce nom,
    Rien n'eft plus rare que la chofe.

Du moins, me dira-t'on, un homme peut bien fe confier à fa Femme. On ira même jufqu'à pretendre qu'il le doit faire abfolument. Mais, non : il eft de la Sageffe des hommes de fe defier de la foibleffe des Femmes. Elles ont tant de plaifir à babiller qu'elles difent indifferemment tout cequ'elles favent, & fouvent ce qu'elles ne favent pas. En un mot, elles
ne

ne tiennent secretes que les choses
qui les deshonnoreroient si elles
les publioient.

Plus une Femme est insinuante,
plus elle a d'adresse pour penetrêr
les secrets de son mari, & plus il
doit etre sur ses gardes. Que sait-
on, s'il n'y a pas encore des Grands
qui, à l'exemple d'Auguste, cou-
chent avec les Femmes des autres,
pour decouvrir des secrets d'importance; car une Femme, dans ses
transports amoureux, n'a rien de
caché: &, tôt ou tard, elle fera
perir son Mari, même sans y penser, s'il est assez imprudent pour
lui apprendre des choses dont de-
pendent sa liberté, sa vie ou son
honneur. Toutes les histoires fournissent des preuves de l'infidelité
des Femmes; preuves qui ne nous
permettent pas de douter un moment de cette verité. Mais entre
mille que je pourrois raporter, si
je voulois faire un ouvrage de Mar-

queterie, j'en choisis un seul exemple, tiré de l'Ecriture sainte. *Sam-*
son, après avoir triomphé plusieurs
fois de ses Ennemis, perit enfin
par les artifices de Dalila, sa maîtresse, à qui il eut la foiblesse de
faire un aveu qui lui couta la vie,
après avoir essuyé une infinité de
mauvais traitemens. Il avoit resisté
long-tems ; mais, vaincu par les
Cajolleries de cette Femme, il lui
avoua que sa force etoit dans ses
cheveux. *Dalila*, au comble de sa
joye, d'etre depositaire de cet im-
portant secret, le communiqua
aux *Philistins*, qui lui promirent
de grandes recompenses, si elle
leur livroit Samson. Un jour qu'elle le combloit de politesses & de
douceurs, à son ordinaire, elle le
fit endormir sur ses genoux. Sur
le champ, elle lui coupe les cheveux, & le remet entre les mains
de ses Ennemis. Tout le monde
sçait la suite de cette histoire:
je

paffe à une autre reflexion.

Experience faite : une Femme en colere, fçut elle des chofes capables de faire perir fon Mari par la main d'un Bourreau, elle les lui reprochera à haute voix. Ainfi accoutumons nous, à ne decouvrir à qui que ce foit, pas même à nos propres Femmes, & peut être encore moins à elles qu'à toutes autres perfonnes, que ce que nous voulons bien que tout le monde fache ; car, fi nous avons la foibleffe de leur dire tout, il vaudroit autant payer le Crieur public, pour divulguer nos fecrets dans tous les Carrefours de la ville.

---

* Tout le monde connoit leur imperfection,
Ce n'eft qu'extravagance & qu'indifcretion ;
Leur efprit eft méchant & leur ame fragile,
Il n'eft rien de plus foible & de plus imbecile,
Rien de plus infidèle, & malgré tout cela,
Dans le monde , on fait tout pour ces animaux là.

CHA-

* Moliere.

* * *

CHAPITRE XI.

De la Beauté, & de la parure. Reflexions sur les Modes.

LA mort ne respecte personne. Elle foule egalemént à ses pieds les Rois, & les derniers de leurs Sujets. Riches & pauvres, jeunes & vieux, tous obéïssent à ses loix; & elle met le dernier des hommes à niveau du plus grand Prince. Tristes reflexions pour les Femmes qui comptent sur leur Beauté. Il faut pourtant en venir là. Ou la mort dissipe les agrémens d'un beau visage, en reduisant le corps le mieux fait, & dans la plus florissante jeunesse à servir de pâture aux vers; ou bien l'age defigure les traits de la plus belle personne du monde. Dans ce dernier

Etat,

Etat, il ne reste aux Femmes que
le facheux souvenir de ce qu'elles
ont été :

On void bien qu'à la fin de la saison cruelle
  La nature se renouvelle,
Et reprend du Printems les superbes atours;
Et qu'après que la nuit a repandu ses ombres
Le bel Astre des Cieux perce ses voiles sombres,
  Et vient recommencer son cours.

Mais lorsque la beauté gemit sous les années,
  Les inflexibles destinées
Ne la delivrent point d'un joug si rigoureux;
Elle ne revient plus à la saison nouvelle,
Et le triste manteau d'une nuit éternelle
  Cache sa lumiere à nos yeux.

Que direz-vous, Iris quand la nouvelle
  Image
  De votre difforme visage
Peinte dans un miroir vous remplira de peur;
Quant ne vous trouvant plus à vous même
  semblable,
 Vous croirez contempler un fantôme
  effroïable
  En contemplant votre laideur?

Sans doute qu'alors, vous aurez recours au fard, & vous tacherez de niveler, par mille fortes d'ingrediens, les rides & les creux de votre vifage. Votre fein de lys & de rofes ne fubfiftant plus, vous y fuppléerez par des couleurs etrangeres : mais foyez perfuadée que tout l'art du monde ne peut reparer les injures des ans.

Car de quelque fecret dont ce trompeur fe vante ,
    Jamais de la Beauté mourante
Ses efforts ne fauroient r'animer les appas ;
Et quand le cours des ans l'a mife à l'agonie,
Bien loin de lui donner une feconde vie,
    Il en avance le trepas.

Un peu de bon fens, apprendroit aux femmes qu'elles ne doivent point s'enorgueillir de la poffeffion d'un bien fi fragile qui peut leur être enlevé, même avant la vielleffe, par la moindre maladie, par la petite verole, ou par mille autres accidens.

Ou-

Ouvrez donc votre oreille à des conseils si sages,
Eloignez ces pensers volages,
Les frivoles desseins, & les jeunes desirs;
Detachez votre cœur de vos attraits fragiles
Et meprisant ces fleurs en epines fertiles,
Cherchez les solides plaisirs.

Mais quels sont ils ces *Plaisirs solides*? On ne les trouve point sur la Terre. Tout ce qui est sous le Soleil est sujet au changement, il faut donc s'occuper de meditations serieuses & frequentes sur les Biens avenir. Toutes réflexions faites, on ne doit pas plus compter sur la Beauté que sur les biens de la Fortune.

Les femmes, ou pour donner plus d'éclat à leur beauté, ou pour suppléer à ce qui leur manque de ce côté-là, ont recours à la parure. Je vois Lucinde, par exemple, qui passe des trois ou quatre heures, entieres à se coëffer, ou à se decoëffer, jusqu'à ce que son miroir lui dise qu'elle à réussi à se bien mettre.

El-

Elle conclut de cette approbation qu'elle eſt dans un Equipage propre à faire des Conquêtes. Elle s'éxerce pendant quelques heures aux grimaces qu'elle doit faire dans les compagnies ou elle ſe trouvera, pour fixer ſur elle l'attention de *Plancus*. C'eſt à cela qu'aboutiſſent tous les ſoins qu'elle prend pour ſe donner un petit air de Coqueterie qui lui convient infiniment mieux que celui de la Devotion, étant auſſi ennemie qu'elle l'eſt de la Regularité. Mais, y penſez-vous *Lucinde* ? Quoi ? vous etalez ſur votre perſonne avec tout l'art imaginable, les plus belles piereries qui ſoient dans votre caſſete ; les plus belles dentelles que vous avez pû trouver ? le plus beau linge de *Hollande* ? les plus riches Etoffes des Gobelins ? He ! pourquoi le faites vous ? Eſt-ce pour plaire à Dieu ? vous n'ignorez pas, ſans doute, que c'eſt au contraire le moyen de

vous

vous rendre l'objet de son indignation. Vous lifez quelquefois l'Ecriture Sainte : n'y avez vous donc pas remarqué l'ordre que les Apotres S. Pierre* & S. Paul † on donné aux Femmes de s'orner de bonnes œuvres, & non pas de Pierreries, & d'entortillemens de Cheveux? Pouvez vous eluder la force de ce Precepte, & pouvez vous n'y pas voir votre condamnation? faudroit-il donc que, pour obliger les Femmes à obferver les loix du Chriftianisme à cet egard, faudroit-il, que tous les Etats imitaffent les fages Reglemens de la Republique de Geneve? Oui: il le faudroit, puis que la Religion ne peut faire chez vous une Reforme fi neceffaire pour votre falut; & fi avantageufe au bien public.

* I. Epitre de S. Pier. Ch. 3. vs. & 4.
† I. Epitre de S. Paul à Timothée Ch. 2. vs. 9. & 10.

blic.* Par la prudence des Magiſtrats de Geneve , on ne voit point regner dans cette illuſtre & floriſſante ville,

* Des Caurres dans ſes œuvres morales de l'Edition de Paris en 1575. a imploré l'autorité du bras ſeculier, contre l'excès des parures des femmes de ſon tems. Voici ce qu'il en dit : Supplions que toutes les femmes & filles s'accouſtrent auſſi honneſtement, avec une honte & ſobrieté, ſans tortillonemens de cheveux, ne bagues d'or & d'argent , perles ne autres habits precieux. Mais tant s'en fault, Mes Dames, (qui prenez plaiſir à cela) que vous veuilliez ſuivre ce Conſeil de Mr. S. Paul, qu'en deſpit qu'il en parlé, vous en porterez en votre confuſion & damnation, ſi Dieu ne vous fait la grace de vous en retirer. Il eſt autant poſſible de vous detacher de vos parures que d'attacher la Lune aux dents, ſi Meſſieurs de juſtice ne prennent cette matiere à cœur. Car la chair & le ſang vous aveuglent ſi fort que vous ne craignez Dieu ne Diable, pour predication qu'on vous faſſe : dont, comme diſoit Notre Seigneur, aux Juifs, vous mourrez en votre orgueil & vaine gloire, ſi vous n'en faites penitence. Il faut, veuillés ou non, que vous détortillonniez , déchauve - ſouriſſiez , derétiez , c'eſt à dire, ne portiez plus en aîles de Chauve-ſouris, ou en façon de Rets vos cheveux par les quels pretendez prendre diaboliquement, & enfiler les hommes, pour raſſaſier vôtre deſordonné appetit : ou bien que vous ſoyez perdues & damnées.

le, la Tyrannie des modes. Il est
defendu aux Dames, sous peine
d'une amande pecuniaire, d'y porter des Robes volantes, dont l'u-
sage est si commun par tout ailleurs, des Etoffes à fleurs, des dentelles au dessus d'un certain prix,
&c. Je l'avoue, j'ai souvent admi-
ré cette louable precaution, qui
enrichit les Particuliers, & qui les
met ainsi dans une situation à pouvoir fournir abondamment aux be-
soins de l'Etat. Et ce qui m'a le
plus frapé, c'est que vous n'entendez personne se plaindre de ces
loix. On les pratique d'inclination,
& il semble que les Dames de dis-
tinction n'ayent rien tant à cœur
que de surpasser leurs egales, en
modestie. En un mot, la France qui
confine aux Territoire de cette ville, n'a pû encore y introduire la
folie des modes, qui rendent nôtre
Nation ridicule, en faisant paroître
son inconstance dans la maniere de
s'ha-

s'habiller. Il y a vingt ans que les Femmes etoient ensevelies dans leurs Coeffures; & aujourd'hui elles les portent si petites qu'à peine les aperçoit-on sur leurs, têtes. La petite Bourgeoise à frondé pendant quelque tems cette jupe monstrueuse par sa largueur, mais après avoir ri, elle s'y est logée elle même. La meilleure partie de la Politesse consiste à suivre le torrent bisarre de la mode. „ Nous vivons „ tous dans l'Esclavage. Loin de „ dependre de nous mêmes, nous „ dependons très-souvent de certains „ caprices grossiers, & indignes „ de la Raison. Peut être „ que si nous les apercevions dans „ les Bêtes, nous ne les leur pardonnerions „ pas. Mais de tous les „ Esclavages le plus ridicule & le „ plus mauvais c'est le desir continuel „ nuel de changer de modes. „ A peine un usage en a-t'il detruit un autre qu'il cede lui-même à quelque
que

que chofe de plus nouveau & de plus frappant.

Je ne trouve rien de plus judi-cieux que les idées de *Juvenal*, lorfqu'il nous reprefente une Dame à fa toilette , & une Femme de Chambre à coté d'elle , & toute en dèfordre , n'aiant encore pû trouver le tems de s'habiller. Quel-qu'attion que cette pauvre creature apporte à parer l'Idole , elle n'y peut réuffir. ,, Ah! que vois-je! ,, s'ecrie tout d'un coup fa maîtref-,, fe; que faites vous? Impertinen-,, te que vous etes; eft ce là tout ,, ce que vous en favez? Que je ,, fuis malheureufe! une boucle de ,, cheveux qui paffe plus que les ,, autres! Elle ne fe poffede pas, ,, & elle bat cette fille pour la pu-,, nir du crime d'un cheveu qui ne ,, fe laiffe point frifer. Eh! Ma-,, dame, s'ecrie là deffus le Poëte, ,, devez-vous vous en prendre à el-,, le, fi vous n'etes pas contente

I   de

„ de votre nez, que ne cesse de
„ vous represeuter une glace trop
„ fidèle?

„ Cependant, continuë cet Au-
„ teur, on appelle une autre Fem-
„ me de Chambre pour reparer
„ la faute de la premiere. Celle-
„ ci peigne la Dame & la frise de
„ nouveau. Tout étant fait, on
„ assemble toutes les filles de la
„ Maison, entre lesquelles paroit
„ une vieille Gouvernante, qui
„ n'a plus d'autre metier que de
„ filer. On tient Conseil, la vieille
„ opine la premiere, & chacune
„ ensuite, selon son âge & le
„ gout que l'experience lui a don-
„ né. On diroit-qu'il s'agit ici de
„ l'honneur & de la vie même
„ de la maîtresse du Logis. Mais
„ telle est la folie des Femmes de
„ ne rien estimer de plus impor-
„ tant que ce qui peut contri-
„ buer à les faire paroître plus bel-
„ les. ”

CHA-

CHAPITRE XII.

Du Menfonge.

CEux qui fe piquent de la plus fcrupuleufe fincerité ne font pas toujours fi exacts fur ce point qu'il ne leur arrive quelquefois de s'exprimer, de propos deliberé, d'une manière qui ne repond pas à ce qu'ils ont dans l'Efprit, & c'eft ce qui s'apelle menfonge, en morale rigide. Mais, comme je fais profeffion d'être plus accomodant, il me femble * que l'on ne ment pas
,, toutes les fois qu'on parle d'une
,, manière qui n'eft pas conforme
,, ou aux chofes, ou à nos pen-
,, fées .... fur ce pié-là, il ue

I 2 faut

* Puffendorff devoirs de l'homme, &c. l. I. C. 10. vf. 7.

„ faut point accuser de mensonge
„ ceux . . . . qui inventent quel-
„ que chose de faux pour une bon-
„ ne fin, dont ils ne sauroient ve-
„ nir à bout sans cela . . . . Mais
„ toutes les fois que l'on est dans
„ une obligation manifeste, de
„ decouvrir ses pensées à autrui fi-
„ delement & sans détour, on ne
„ sauroit, sans crime, ni suppri-
„ mer une partie de la verité, ni
„ user d'Equivoques, ou de res-
„ trictions mentales. „ Voilà un
principe que nous dicte la Conscience, independemment de la
Revelation, qui encherit encore
sur cette idée. Elle nous apprend
que Dieu étant la verité même,
hait souverainement le mensonge, que les menteurs font enfans
du Diable, & que la perdition,
c'est à dire, les peines eternelles
de l'Enfer seront leur partage.

En effet, le mensonge est quelque chose de si odieux, à ne le
con-

conſiderer même que par les lumieres naturelles, & il eſt ſi contraire
à l'idée que nous avons de l'honnête homme, qu'un certain ſentiment, pris du fonds même de cette idée, & qu'on ne peut definir,
bien qu'il ſoit fort ſenſible, nous
fait bouillir le ſang dans les veines
quand on nous donne un démenti.
Nous regardons cela comme un des
plus ſanglans affronts qu'on puiſſe
nous faire: nous voulons en avoir
ſatisfaction, ſouvent même au peril de notre vie. N'eſt ce pas là une
preuve bien ſenſible que le menſonge eſt un vice des plus grands
& des plus abominables aux yeux
de Dieu? Puis qu'on regarde dans
le monde un démenti comme un
attentat à ſon honneur, n'eſt-il
pas naturel d'en conclurre, qu'en
mentant, on tombe dans l'infamie?

Quelques Philoſophes Païens,
ont regardé le menſonge comme

un vice puniffable, & comme une
pefte dans la Societé civile. Platon,
donnant en cela dans une extremité opposée au Siſteme de certains
Moraliſtes de nos jours, etoit de
cet avis. Selon ce Philoſophe *, il
n'eſt permis de mentir qu'à ceux
qui font chargez du Gouvernement
d'un Etat ; encore faut-il qu'ils ne
le faſſent que pour le bien public.
Et tout autre qu'eux doit s'abſtenir
de mentir. Si un Sujet, foit Ar-
tifan, Medecin ou autre, ment
à fon Prince, il doit être puni.

Si un Païen a fait paroître
tant d'horreur du menfonge, quels
ne devroient pas être à cet egard
les fentimens d'un Chrêtien, inſtruit dans la loi de Dieu? Neanmoins on ment de gaïeté de
cœur, tous les jours, à toute
heure, & à tout moment. Il n'y a
point

* Lib. III. de Republicâ.

point de defaut plus commun que le menfonge : c'eft beaucoup fi dans les converfations ordinaires, il fe debite deux veritez parmi trente fauffetez. Ignore-t'on que lors qu'on s'eft acquis la reputation de Menteur, on ne trouve plus de creance, lors même qu'on dit une verité ? * On a lieu de s'étonner que ce vice foit fi commun parmi nous : mais ce qui furprend encore bien plus, c'eft qu'il eft presqu'impoffible de plaire aux Femmes, fans être Menteur. Il faut être revêtu de cette infamante qualité, & la faire valoir methodiquement pour être bien venu auprès de *Doronthe*. Il faut, aux depens de la verité, flatter fon orgueilleufe prefomption, & fatisfaire en même tems la haine qu'elle a conçuë contre

---

* *Ariftoteles interrogatus*, quid nam mendaces lucraventur ? ut cum vera, *inquit*, dixerint, non illis credatur. Diogen. Laërce l. 5. n. 17.

tre telles & telles Demoiselles qui ont eu la vanité de disputer avec elle du prix de la Beauté, ou des agrémens du corps & de l'Esprit.

Sylvie ment en perfection. Ecoutez-là un moment, elle vous apprendra qu'elle descent en droite ligne d'un Seigneur très-consideré à la Cour de France sous le regne de François I. Peu s'en faut même qu'elle ne fasse remonter sa Genealogie jusqu'autems de *Pharamond* qui fonda la Monarchie *Françoise*. Elle vous fera connoître tous ses Ancêtres par leurs noms & surnoms. Elle sait tous leurs titres, & les belles actions qui les ont rendus recommandables. Vous feriez tenté de la croire sur sa parole, si je ne vous apprenois ici en confidence que son Ayeul etoit Marchand de dentelles.

Alippe, menteur en titre d'office, est le Confident de *Sylvie*. On dit

dit même qu'il l'epousera quoi
qu'il n'ait , pour tout merite &
pour tous biens qu'une Nobleffe
affez ancienne. Ne fera-t'il pas
bien recompenfé des louanges qu'il
a prodiguées mal à propos à Sylvie ? Comment feroit il poffible
après cela qu'il n'y eut pas des
Menteurs? Tous, me direz-vous,
n'ont pas le même bonheur qu'*A-
lippe*. J'en Conviens, mais auffi
faut-il avouer avec Mr. *Bayle* que
tous ceux qui mentent pour flater
les autres y trouvent presque de
toujours de grandes douceurs.
,, Ils fe font des amis qui payent
,, quelquefois leurs louanges , ar-
,, gent comptant , ou bien qui
,, leur rendent fervice quand l'oc-
,, cafion s'en prefente, ou à tout
,, le moins qui leur rendent louan-
,, ges pour louanges. Au pis al-
,, ler, ils fe font une fecrete joye
,, de voir la credulité de ceux

qu'ils

„ qu'ils louent, & d'eviter leur
„ indignation; car il y a des gens
„ qui ne pardonnent jamais à
„ ceux qui leur epargnent l'en-
„ cens. ”

Je ne puis quitter encore *Alippe*
pour ce que j'en ai dit, car il faut
tracer fon Portrait : Il eſt fi offi-
cieux dans fes menfonges, qu'il dira quelquefois à *Sylvie* qu'une autre en a parlé avec de grands elo-
ges, & qui plus eſt lui a donné la
preference fur un trait de beauté,
pour lequel on l'admire elle même.
C'eſt ainfi que fes menfonges pro-
duifent par toute la ville la plus
plaifante confufion que l'on fe puiffe imaginer.   On voit rendre une
vifite au bout de fix mois qu'elle
eſt duë, & après qu'on s'eſt bien
dechiré de part & d'autre durant
tout ce tems.

CHA-

CHAPITRE XIII.

De la Medisance & de la Calomnie.

DEux vices affreux, la Medisance & la Calomnie, regnent aujourd'hui dans le monde: Vices encore plus abominables aux yeux de Dieu, que le mensonge, & qui font très-severement condamnez dans l'Ecriture. Medire, c'est publier les defauts réels d'une personne : Calomnier, c'est lui en supposer qu'elle n'a point.

La Medisance, suivant la definition qu'en donne *Theophraste, est une pente secrete de l'ame, à penser mal de tous les hommes, laquelle se manifeste par les paroles.* Ainsi les Femmes étant fort vaines & fort envieuses, elles excellent dans l'art de medire. Pourvû qu'on
n'use

n'ufe pas de repraifelles à leur
égard, elles aiment auffi beaucoup
à entendre parler mal des autres
Femmes, & fur tout de celles qui
font en concurrence de beauté,
ou d'efprit, ou de credit, ou de
rang, de quelque maniere que
ce puiffe être, avec celles qu'on
frequente. ,, Il ne faut donc pas,
,, dit Mr. Bayle, leur rendre vifi-
,, te, fans favoir quelque hiftoire
,, dèfavantageufe de ces autres-là,
,, & de ceux qui ont accoutumé
,, de les voir. Si l'on n'en a point
,, apprifes, qu'on en invente, car
,, il faut ou favoir medire, ou re-
,, noncer à la profeffion de galant
,, homme. C'eft pour cela qu'on
,, remarque qu'il n'y a point de
,, lieu au monde, ou la medifance
,, regne tant, que dans ceux ou
,, les deux Sexes font toujours en-
,, femble, non feulement par ce
,, que cette familiarité fait naître
,, mille incidens qui donnent fujet

de

„ de caufer, mais auffi parce que
„ les hommes apprennent dans
„ cette école tous les rafinemens
„ de cet art. ”

Il eft bien difficile d'être medi-
fant, fans être calomniateur. On
aime à groffir les objets, & rarement on parle au defavantage de
quelqu'un, fans y ajouter certaines
circonftances aggravantes , qui
n'ont pas le moindre fondement.

Cenophile, en fortant de l'Eglife
ou elle vient d'entendre un Sermon
contre la medifance , louë extremement le Predicateur, & en même tems, s'adreffant à fa voifine,
avez vous remarqué Dalithere, lui
dit-elle. Qu'elle eft coquette! N'a-
t'elle pas honte de porter un habit
de foye? Si vous faviez de quelle
maniere elle vit, vous en fremi-
riez, & qui pis eft, elle eft à la
charge du C * * *, tandis que tant
d'honnêtes gens languiffent, & fe
tuent de peines pour elever leurs
famil-

familles. Voilà ce qui s'appelle
medifance : Cenophile ajoute que
Dalithere eft enceinte de fix mois,
c'eft calomnie. Euchariste, vrai
Mifantrope, qui femble né pour
tour dire, tant il eft fincere, &
qui brufque toutes les regles de la
bienfeance, *Euchariste*, dis-je,
temoin de cette converfation, dit
affez haut : hé! *Cenophile*, à quoi
penfez vous, de dechirer ainfi la
reputation de la pauvre *Dalithere*?
Savez vous bien que plus de dix
Demoifelles de vos meilleures a-
mies, m'ont affuré que vous étiez
fur le point d'accoucher. Je connois pourtant à votre taille qu'il
n'en eft rien. Mais d'autres difent
que vous avez deja franchi ce mauvais pas, & ajoutent même que le
fruit de vos crimes eft à cent pas
de votre Porte; qu'ils l'ont vû, &
qu'ils ont parlé à la Nourrice. Dites
moi, Cenophile, fi c'eft être medi-
fant ou Calomniateur de parler ainfi?

ſi ? Une perſonne qui fait metier de parler mal de tout le monde, trouve toujours nouvelle matiere pour exercer ſa langue, bien ſouvent aux depens de gens qu'il ne connoit pas. Tantôt on ſe jette ſur la Genealogie, tantôt ſur les mœurs, & quelquefois ſur les defauts naturels que nous ne pouvons corriger. *Baſilide* entre dans le detail du menage de *Baſtinde.* Elle ſait tout ce qui s'y paſſe, & l'apprend à qui veut l'entendre; elle ajoute beaucoup de choſes de ſon propre fonds, à ce qu'elle dit de réel. En un mot elle ſe fait gloire de medire.

Pour achever, ou perfectioner le Portrait d'un mediſant, il ne faut que raporter ce qu'en a ecrit *Theophraſte,* ,, Si on l'interroge ſur que-
,, qu'autre, dit-il, & que l'on lui
,, demande quel eſt cet homme?
,, il fait d'abord ſa genealogie: ſon
,, Pere, dit-il, s'appelloit *So-*

„ *fie* *, que l'on a connu dans le fer-
„ vice & parmi les troupes fous le
„ nom de *Sofiftrate*, il a eté Affran-
„ chi depuis ce tems & reçu dans
„ l'une des †. tribus de la ville;
„ pour fa mere, c'etoit une noble
„ *Thracienne* ‡, car les Femmes
„ de *Thrace*, ajoute-t'il, fe pi-
„ quent la plupart d'une ancienne
„ nobleffe; celui-ci, né de fi hon-
„ nêtes gens, eft un fcelerat, &
„ qui ne merite que le Gibet; &
„ retournant à la mere de cet
„ homme qu'il peint avec de fi
„ belles couleurs, elle eft, pour-
„ fuit-il, de ces Femmes qui epient
„ fur les grands chemins ⊥. les jeunes

*. C'etoit chez les Grecs un nom de valet
ou d'Efclave.

†. Le Peuple d'Athenes, ainfi que celui de
l'ancienne Rome, etoit partagé en diverfes
Tribus.

‡. Cela eft dit par derifion des Thraciennes
qui venoient dans la Grece pour être fervantes, & quelque chofe de pis.

⊥. Elles tenoient hotellerie fur les grands
chemins ou elles fe mêloient d'infames com-
merces.

nes gens au paſſage, & qui,
pour ainſi dire les enlevent & les
raviſſent. Dans une compagnie
ou il ſe trouve quelqu'un qui parle mal d'une perſonne abſente,
il releve la converſation; je ſuis,
lui dit-il, de vôtre ſentiment,
„ cet homme m'eſt odieux, & je
„ ne le puis ſouffrir; qu'il eſt in-
„ ſupportable par ſa Phiſionomie!
„ y a-t'il un plus grand fripon, &
„ des manieres plus extravagantes?
„ ſçavez vous combien il donne à
„ ſa Femme pour la depenſe de
„ chaque repas? trois aboles * &
„ rien d'avantage ; & croiriez-
„ vous que dans les rigueur de
„ l'hyver & aux mois de Decem-
„ bre, il l'oblige de ſe laver avec
„ de l'eau froide ? Si alors quel-
„ qu'un de ceux qui l'ecoutent ſe
„ leve & ſe retire, il parle de lui
preſ-

* Il y avoit au deſſous de cette monnoye
d'autres encore de moindre prix.

K

„ presque dans les mêmes termes,
„ nul de ses plus familiers n'est
„ epargné; & les morts * mêmes
„ dans le tombeau ne trouvent pas
„ un azyle contre sa mauvaise lan-
„ gue. ”

A peine trouveroit-on un homme, qui ne fut coupable de ce vice, & qui n'eut causé quelque chagrin à d'honnêtes gens par ses Calomnies, & par les faux raports.
Je conclus de là après *Horace* que
quiconque dechire un Ami en son
absence, qui ne prend pas son parti
quand on l'attaque, qui n'epargne
personne; qui veut se mettre sur le
pié de diseur de bons mots; qui est
capable d'inventer mille faussetez;
enfin qui ne peut garder un secret,
je conclus, dis-je, que c'est là ce
qui s'appelle un très-mechant homme, & celui de qui on doit se defier. †   CHA-

---

* Il etoit defendu chez les Atheniens de
parler mal des morts par une Loy de Solon
leur Legislateur.
† *Horace* lib. I. sat. IV. vs. 81.

CHAPITRE X.

De la Flatterie & de la Dissi-mulation.

LE mensonge & la flatterie sont deux vices essentiellement unis l'un à l'autre; mais qui ne se rencontrent pas toujours avec la dissimulation. Un flateur est un homme guidé par l'interêt & qui ne peut tarir sur les louanges de celui qu'il fait semblant d'estimer. Comme rien ne nous oblige à flatter les gens que nous frequentons, on ne peut guere le faire sans crime. Par la flatterie, on augmente la vanité des Femmes, on leur fait croire qu'elles sont belles, & plus belles que toutes celles qu'on connoît : elles s'en applaudissent, &

K 2 s'ac-

s'accoutument peu à peu à meprifer tout le monde. A force de les
etourdir de leur merite, on leur
perſuade enfin, qu'elles ſurpaſſent
toutes celles, à qui pourtant elles
font de beaucoup inferieures, à
tous égards.

Alcibe ſe trouvant auprès de *Ce-*
nobie, ne ſe contente pas de lui
fàire entendre qu'elle a quelques
agrémens, il la nomme beauté Ce-
leſte & Divine. Il ne peut rien dire de naturel & de vrai : il outre
toutes ſes comparaiſons & flate
tous ſes Portraits. Maïs il y trouve
ſon compte, bien mieux encore
que s'il ne faiſoit que mentir tout
uniment. Il eſt au moins plus ſûr
de s'acquerir les bonnes graces de
Cenobie. Il ne dit rien, ni ne fait
rien au hazard. Toutes ſes paroles
& toures ſes actions ſe raportent
au deſſein qu'il a de lui plaire : il y
auroit bien du malheur s'il n'y réuſ-
ſiſſoit enfin. Il ſe l'eſt deja ren-
duë

duë favorable en quelques occafions.

On prétend, dit l'Abbé de *Varennes* *, que les Femmes font
beaucoup plus fiieres dans l'eleva-
tion que les hommes; mais à qui
nous en prendre qu'à nous-mêmes?
Moins oppofez à les en corriger,
parce que nous en fommes moins
jaloux, ne les conduifons nous pas
à force de flatteries au point de fe
croire autorifées, dans toutes leurs
manieres?

Il eft bon de remarquer ici que la
verité & la flatterie font incompati-
bles, & que comme c'eft le propre
de la veritable amitié de dire librement ce que l'on penfe, il s'enfuit
que la flatterie detruit l'amitié à qui
la verité & la fincerité font eflen-
tielles. ,, Qu'on defigne s'il fe peut
,, un ufage plus funefte de l'efprit
,, que l'emploi qu'on en fait dans
la

* V. Les hommes ch. 15. p. 150.

K 3

„ la Galanterie pour furprendre la
„ credulité. Ce n'eft qu'à force de
„ feduire l'amour propre qu'on y
„ réuffit. Si les Femmes etoient
„ mieux inftruites de la jufte va-
„ leur de ce qui fait le fond des
„ cajoleries qu'on leur prodigue,
„ peut être en feroient-elles affez
„ peu de cas pour en faire perdre
„ l'ufage par leur fierté. Mais le
„ mal eft fait, elles ont mis elles-
„ mêmes parmi les devoirs d'un
„ homme qui fait vivre, celui de
„ les tromper ainfi. ”

Pour la diffimulation, elle n'eft
pas à beaucoup près fi criminelle
que la flatterie. Il eft même neceffaire d'en avoir en certaines rencontres. C'eft la prudence qui doit
nous regler pour être finceres &
diffimulez quand il le faut. Mais fi
la diffimulation a pour but de tromper ou de feduire par des paroles
doubles & artificieufes, il faut s'en
defier, comme de ce qu'il y a au
monde

monde de plus pernicieux. „ Les
„ manieres d'agir, dit *Theophraste*,
„ ne partent point d'une ame sim-
„ ple & droite . . . . . le venin
„ des aspics est moins à craindre. "
Defions nous donc souverainement
des Femmes, puis que la flatterie
est si commune parmi elles.* La
l'agée aborde certaines personnes
qu'elle hait ; elle leur parle, &
leur fait croire par cette demarche
qu'elle se reconcilie de bonne foi.
Elle loue ceux qu'elle voudroit voir
perir, elle s'afflige avec eux s'il
leur est arrivé quelque disgrace.
Elle semble pardonner les discours
offensans que l'on lui tient : elle
recite sans emotion les plus horribles discours que l'on aura tenus
sur son compte, & elle employe
les paroles les plus flatteuses pour
adoucir ceux qui se plaignent d'elle, & qui font aigris par les injures
qu'ils

* Ce Portrait est imité de *Theophraste.*

K 4

qu'ils en ont reçues. S'il arrive que
quelq'un qui se croit de ses amis
l'aborde avec empressement , elle
feint des affaires, & lui dit de revenir une autre fois : elle cache
soigneusement tout ce qu'elle fait;
& à l'entendre parler on diroit toujours qu'elle delibere. Souvent a-
près avoir ecouté ce qu'on lui a dit,
elle veut faire croire qu'elle n'y a
pas eu la moindre intention. Elle
feint de n'avoir pas aperçu les choses ou elle vient de jetter les yeux,
ou si elle est convenue d'un fait, de
ne s'en plus souvenir.

CHA-

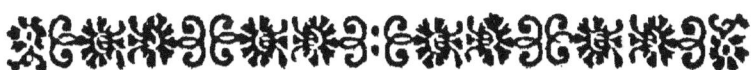

CHAPITRE XI.

De l'Amitié & de la hayne.

Rien de plus utile que l'Amitié dans l'adverſité & dans la proſperité. Elle rend notre bonheur plus parfait, & elle nous aide à ſupporter nos infortunes. En effet, qu'y a-t'il de plus doux que d'avoir une perſonne ſur qui l'on puiſſe compter comme ſur ſoi-même ? Ne ſent-on pas plus vivement les impreſſions des plaiſirs, quand on a un Ami qui en goutte les douceurs avec nous ? & que peut-on trouver de plus ſoulageant que d'avoir une perſonne qui partage notre chagrin, & qui ſouvent le ſent plus vivement que nous-mêmes *.

L'Ami-

* *Quid dulciùs quam habere, qui cum omnia audeas ſic loqui, ut tecum ? Quis eſſet tantus fruc-*

L'Amitié, pour être veritable, doit être accompagnée de deux qualitez essentielles, la probité & la constance. Point d'Amitié, sans ces deux caracteres qui en font l'essence. D'ou nous pouvons conclure qu'il ne faut point compter sur l'Amitié des hommes, ni des Femmes d'aujourd'hui. L'interêt en est le nœud, & ce même interêt est cause qu'il n'y a point d'amitié eternelle. Car, ,, s'aimer les uns les ,, autres, dit l'Abbé de V * * * ,, pour le seul plaisir de s'aimer,

c'est

---

tus in prosperis rebus, nisi haberes, qui illis aquè, ac tu ipse gauderet? Adversas verò ferre difficile esset sine eo, qui illas graviùs, etiam quam tu, ferret ...... Amicitia res plurimas continet: quo quo te verteris, præsto est, nullo loco excluditur, nunquam intempestiva, nunquam molesta est. Itaque non aqua, non igni, ut aiunt, pluribus locis utimur, quam amicitia, neque ego nunc de vulgari, aut de mediocri, quæ tamen ipsa & delectat, & prodest, sed de vera & perfecta loquor, qualis eorum, qui pauci nominantur, fuit. Nam & secundas res splendiores facit amicitia, & adversas partiens communicansque, leviores. Cicer. De Amicit. n. 6.

„ c'eſt un ſentiment trop delicat
„ pour des hommes qui s'eſtiment
„ ſi peu entr'eux. Leur amitié à un
„ fondement plus intereſſant que
„ le merite qu'ils ſe ſuppoſent re-
„ ciproquement, l'impoſſibilité de
„ ſe paſſer les uns des autres. "

Suivant ce Principe, il eſt rare
que deux Femmes s'aiment. Dans
les plus étroites liaiſons qu'on remarque entr'elles, il n'y a qu'hypocriſie. Pourquoi cela? C'eſt que
l'Amour propre leur fait toujours
imaginer certaines inegalitez de
l'une à l'autre, qui excluent tota-
lement l'amitié. Toutes deux en
particulier croient l'emporter l'une
ſur l'autre, par la beauté, par l'eſprit, ou par les richeſſes, & il
eſt moralement, impoſſible qu'elles
ne faſſent quelque fois éclater ces
ſentimens, en voilà aſſez pour
rompre tout commerce: outre qu'a-
vec de pareilles diſpoſitions, elles
ne peuvent s'eſtimer reciproquement,

ment, comment donc pourroient-
elles s'aimer ? *L'amitié ne se prou-*
ve jamais mieux que par le sacrifi-
ce de ce qui coute le plus à l'Amour
propre : C'est aimer son ami eper-
dument que de s'avouer son infe-
rieur en tout ; &, par la raison
des contraires, c'est ne le point aimer que de se croire superieur à lui,
à tous egards.

Coriante est, me direz-vous,
d'une amitié-scrupuleuse & tout à
fait delicate : elle a choisi pour sa
compagne la plus aimable & la plus
vertueuse Demoiselle *de la Haye :*
elle la suit partout ; à l'Eglise, à
la promenade, &c. elles sont eter-
nellement ensemble. Mais, dit
Zerodote, je serois tenté de croire,
malgré cette grande liaison, que
Coriante, n'aime pas Arianne,
puis qu'en louant sa vertu, elle dé-
couvre ses Defauts, & les motifs
les plus secrets de sa conduite. Elle
donne un mauvais tour à toutes
les

les actions de son amie : est ce par charité ? ou pour prevenir la medisance ? Admirez le travers d'Esprit de *Coriante !* En dechirant ainsi *Arianne*, elle proteste de l'estime qu'elle a pour elle. Je n'ai osé lui en dire mon sentiment, ajoute-t'elle, dans la crainte de rompre l'amitié qui est entre nous. Cela lui donne lieu de faire l'histoire scandaleuse de quelques Demoiselles qui ont pris ses remontrances en mauvaise part. Elle vous déclare l'origine de leur mauvaise reputation, & vous recommande le secret ; tout cela par charité apparemment ! Tel est le caractere de la plupart des Femmes qui disent avoir un grand nombre d'Amies.

Mais si elles ne savent pas aimer, elles savent fort bien haïr, & même haïr à l'excès. Rarement elles en reviennent quand elles ont pris quelqu'un en aversion. Cependant,

dant , quelle paſſion plus injuſte
que la haine , quand elle a pour
objet toute autre choſe que celles
qui peuvent contribuer à la deſtruction de notre être ? Car comme
toutes les Creatures ſont les ouvrages de Dieu ,& qu'elles portent ſur
leur front le Caractere de celui qui
les a produites, elles ont des qualitez qui les rendent aimables, &
la bonté qui eſt le principal objet
de l'Amour bien reglé, leur eſt ſi
naturelle qu'on ne la peut ſeparer
de leur eſſence. * Auſſi, Dieu leur
donna ſon approbation , dez qu'il
les eut produites , & pour nous o-
bliger à les aimer, il nous apprit,
qu'elles etoient extremement bonnes. Quelqu'oppoſition qu'elles
puiſſent avoir à nos humeurs, ou à
nos

* *Quid quid eſt pro ſuo genere, ac pro ſuo mo-
dulo habet ſimilitudinem Dei, quando quidem fe-
cit omnia bona valdè, non ob aliud, ni ſi quia
ipſe ſummè bonus eſt.* Aug. Lib. II. de Tri-
nit C. h.

nos inclinations, nous devons croire qu'elles n'ont rien de mauvais, & que les qualitez mêmes qui nous bleſſent, ſont bonnes à quelque choſe: ainſi la haine eſt une paſſion très-injuſte, & il ſemble que pour l'exercer, il faudroit ſortir du monde, & chercher des creatures defectueuſes & abſolument mauvaiſes, qui puſſent etre des objets legitimes de notre indignation. "Car, ajoute le *P.*
„ *Senault*, il n'y a rien dans le
„ Ciel, ni dans la Terre qui ne
„ ſoit aimable: s'il ſe rencontre
„ quelque choſe, qui choque no-
„ tre inclination, il s'en faut pren-
„ dre à notre mauvaiſe humeur,
„ ou il en faut accuſer le péché,
„ qui, aiant dereglé notre volon-
„ té, lui a donné des antipaties
„ dèsraiſonnables, & la contraint
„ de haïr les ouvrages de Dieu. "
La haine que nous avons pour certaines créatures ne peut qu'etre dès
agrea-

agreable à Dieu, parce qu'etant
le souverain Bien, & le seul Crea-
teur de toutes choses, il aime ses
ouvrages. * Pourroit-il trouver bon
que nous les haïssions? *La haine
est donc une foiblesse de notre Nature, une preuve de notre indigence,
& une passion qu'on ne peut raisonnablement employer contre les ouvrages de Dieu.*

J'ai insinué plus haut que la haine est une passion fort commune
parmi les Femmes & on n'en pourra douter, si l'on fait attention
qu'elle procede le plus souvent de
l'Amour propre. " Car si nous e-
,, tions plus reglez en nos affec-
,, tions, nous serions plus moderez
,, en nos aversions, & sans con-
,, sulter notre interêt, nous ne
,, haïrions que ce qui est verita-
,, blement odieux; mais nous som-
,, mes si injustes, que nous ne ju-
geons

„ geons des chofes, que par le ra-
„ port qu'elles ont avec nous.
„ Nous les condamnons quand el-
„ les nous deplaifent, nous les ap-
„ prouvons quand elles nous a-
„ greent, & par un aveuglement
„ etrange, nous ne les eftimons
„ bonnes ou mauvaifes que par le
„ contentement, ou le deplaifir
„ qu'elles nous caufent.. ... Nous
„ voudrions etre le centre du mon-
„ de, & que toutes les autres crea-
„ tures n'euffent point d'autres in-
„ clinations que les nôtres. ”

CHAPITRE XVI.

De L'Envie.

IL est bien difficile de donner u-
ne definition précise de l'envie ;
mais pour la faire connoître sous
des couleurs qui lui conviennent
parfaitement, on peut l'appeller
une tristesse lâche, & injuste, qui
nous fait trouver defectueuses les
plus belles vertus que d'autres pos-
sedent. C'est une passion chagrine
qui trouve son supplice en elle-même. Les *Phalaris*, les *Agatocles*,
les *Denis*, ces Tyrans inhumains
si fameux dans l'histoire par leur
cruauté, n'ont point inventé de
tourmens plus barbares & plus in-
supportables que ceux que l'envie
fait souffrir aux miserables qu'elle
dechi-

dechire. * Elle eſt condamnable de
quelque coté qu'ou l'enviſage;
puis qu'elle attaque, par une guerre ouverte, toutes ces nobles habitudes qui approchent notre ame de
la pureté des intelligences celeſtes.
Les autres paſſions ont des bornes,
& ne perſecutent que les paſſions
qui leur ſont oppoſées; mais l'envie, comme un monſtre furieux
choque à la fois tout ce qu'il y a de
bon dans l'homme; les biens de la
fortune, l'humilité, la charité, la
Devotion, elle engloutit tout, elle s'approprie tout: elle croit que
toutes les recompenſes lui ſont
duës. Les maux d'autrui, ſemblent
faire ſon bonheur. " Si bien qu'el-
,, le eſt un mal univerſel, & cette
,, triteſſe honteuſe eſt compoſée
,, tout enſemble d'Avarice, d'orgueil

---

* Invidus alterius macreſcit rebus opimis.
  Invidiâ Siculi non invenêre Tyranni
  Majus Tormentum.... *Hor.* Epit. 2.l. 1.

„ gueil & de cruauté. ” Mais elle
s'attaque toujours aux vertus les
plus nobles & les plus eminentes,
elle reſerve ſes plus grands efforts,
& toute la fureur dont elle eſt capable contre celles qui paroiſſent
avec plus d'eclat. Il ne s'eſt point
commis de meurtres & de parricides, qu'elle n'ait armé & dirigé la
main de l'aſſaſſin. Ce fut elle qui
ſuſcita les enfans de Jacob contre
leur frere Joſeph: Sa future grandeur leur donna de la jalouſie, &
pour combattre les deſſeins du
Ciel, ils firent un Eſclave de celui dont il vouloit faire un Roi.
Elle anima Saul contre *David*, &
par une aveugle fureur, elle lui per-
ſuada qu'il n'y avoit rien de plus pernicieux aux Souverains que la grandeur de leurs Sujets. Et, pour remonter juſqu'à la ſource de nos
malheurs, ne fut-ce pas elle qui
anima les Demons contre les hommes, qui leur inſpira le moien de
les

les perdre avant leur naiſſance, & de les faire mourir en la perſonne d'Adam.† Un envieux s'attriſte quand tout le monde eſt en joye, & il ſe rejouit dans les calamitez publiques. Sa perte lui eſt agreable, pourvu qu'elle attire celle de ſon Ennemi, & il lui eſt ſi naturel de commettre des injuſtices qu'il achete le plaiſir de ſe venger aux depens de ſa propre vie. Il ſe fache contre la fortune ; il ſe plaint de ſon ſiécle, & quand il ne peut empêcher les bons ſuccez de ſes Ennemis, le deſeſpoir le confine dans la ſolitude, ou s'entretenant de ſes deplaiſirs, il ſouffre la peine de tous les crimes qu'il a commis. * Il n'y a rien de plus lache que ſon

cou-

---

† *Invidia vitium Diabolicum quo ſolo Diabolus reus eſt, non enim ei dicitur ut Damnetur; adulterium commiſiſti, fortune feciſti, villam alienam rapuiſti, ſed homini ſtanti invidiſti.* Aug. l. VI.

* *Obiraſcens fortuna invidus, & de ſaculo quareris, & in angulos ſens pœna incubat ſua.* Seneca de tranquil. c. 2.

courage ; il eſt toujours rampant
dans la pouſſicre, & ſi quelquefois
la fortune l'éleve, il s'abbaiſſe auſſitot * & ſe ravale au deſſous de
certaines choſes , indignes de ſon
attention. C'eſt une maxime aſſu-
rée que tout ce qui nous donne de
l'envie eſt au deſſus de nous. Par
notre propre jugement, nous don-
nons gain de cauſe à nos egaux,
nous avouöns que nous leur ſommes infericurs, quand leur merite
nous donne de la jalouſie. *Seneque,*
ce grand Philoſophe qui ſe rendit
illuſtre par ſa conſtance, à ſouffrir
la mort, a remarqué que l'envie
etoit la paſſion des ames baſſes, &
qu'elle ne conſumme que ces hommes lâches qui ne peuvent rien en-
treprendre de genereux. † ,, Car,
ſui-

* *O, invidia quæ ſemper ſibi eſt inimica ! nam qui invidet, ſibi quidem ignominiam facit, illi autem cui invidet gloriam parit. Chryſoſt.*

† *Si non invideris major es: nam qui invidet minor eſt. Senec.*

,, fuivant la remarque du *P. Se-*
,, *nault*, s'ils avoient le cœur un
,, peu noble, & fi la vertu leur
,, avoit fait part de cette fatisfac-
,, tion qu'elle porte toujours avec
,, foi-même, ils feroient contents
,, de leur condition, & ne forme-
,, roient point de fouhaits, qui
,, decouvriffent leur mifere. S'ils
,, remarquoient en leurs egaux
,, quelque perfection eclatante, ils
,, lui donneroient les louanges
,, qu'elle merite, ou faifis d'une
,, noble émulation, ils tache-
,, roient de l'acquerir. Mais com-
,, me le vice qui les tyrannife
,, rampe fur la terre, ils ne con-
,, çoivent que de laches defirs.
,, Lors même qu'ils font quelqu'ef-
,, fort pour s'elever, ils s'abbaif-
,, fent d'avantage; & l'on trouve
,, par experience que leur grandeur
,, apparente, n'eft qu'un pur effet
,, de leur veritable mifere. "
Il n'eft pas neceffaire, après

tout ce que j'ai dit jufqu'à prefent,
de m'arrêter à prouver que l'envie n'eft pas fi rare chez les Femmes qu'on pourroit peut être le
croire ; & qu'elle y eft même
très-commune : Je n'en veux point
d'autres preuves que le plaifir qu'elles prennent à medire, & leur penchant à la vengeance.

CHA.

CHAPITRE XVII.

De l'Avarice & de la Prodigalité.

LA comparaison que font les Moralistes de l'avarice à l'hydropisie, me paroit fort juste; car de même qu'un hydropique veut toujours boire, un avare n'est jamais content des biens qu'il possede. * Il travaille continuellement à en acquerir de nouveaux. Il sacrifie volontiers à ce desir dereglé, son honneur sa gloire & tout ce qu'il a de plus cher. Il se prive de toutes sortes de commoditez, & des plaisirs innocens de la vie, pour accumuler tresors sur tresors.

Qui

* *Semper avarus eget* : : : : . Hor. Ep. 2. l. 1. vf. 55.

„ Qui l'eut jamais imaginé, dit
„ l'Abbé de V * * * que tenir ſes
„ treſors ſous la clef, s'enfermer
„ à double verouil pour compter
„ & calculer, garder à vue ſon
„ coffre fort, ne pouvoir s'en cloi-
„ gner qu'en tremblant, etre bour-
„ relé ſans ceſſe de l'inquietude de
„ voir fondre ſon argent par de
„ nouveaux impots, ou par un
„ nouvel arrangement dans les
„ monnoyes, ſe coucher, ſe lever
„ dans cette crainte, & conſom-
„ mer dans une ſituation ſi agitée
„ une vie ſi courte, & à laquelle
„ un avare ne peut eſperer de re-
„ venir. Qui l'eut, dis-je, jamais
„ imaginé qu'une ſi grande folie
„ put ſe tourner en paſſion, tenir
„ lieu de tout autre plaiſir, & pa-
„ roitre preferable à la tranquillité
„ de l'Eſprit? "

Les Femmes qui aiment tant
leurs aiſes, ne ſont pas toutes exem-
tes de l'avarice. Diriez vous, à
voir

voir Fauſtine ſi mal vetue, & marcher à pied, qu'elle à plus de vingt
mille livres de rente? Le croiriez-
vous, à lui voir menger une crou-
te de pain ſec & boire de l'eau?
C'eſt pourtant une choſe ſure &
connuë de toute la ville. Elle ne
tient point de domeſtiques, elle ne
voit perſonne, ni ne joue jamais.
Elle eſt fort aſſiduë aux Egliſes:
eſt-ce par un principe de Religion,
ou par bigotterie? Ni l'un, ni l'autre de ces motifs ne la fait agir:
C'eſt l'avarice, qui la rend ſobre,
modeſte & vertueuſe à l'exterieur.
Fauſtine ignore-t'elle que l'avarice
eſt un vice tout à fait odieux à Dieu
par ſa nature & par ſes effets? N'a-
t'elle jamais entendu prêcher contre ce deteſtable monſtre que *S.*
Paul compare à l'Idolatrie? elle
fait tout cela ; & néanmoins elle
eſt avare; il faut donc qu'elle goutte quelque plaiſir bien vif, malgré
la contrainte ou elle vit aſſure-
ment:

ment: Horace a eu raison de faire dire à un avare que quoique le Peuple se mocque de lui, il goutte mille douceurs, & s'applaudit en secret en comptant ses Ecus. *

Je joindrai au portrait de Faustine, celui que *Theophraste* a fait d'un avare. " Quelquefois, dit-il, „ dans les tems difficiles, le Peu- „ ple est obligé de s'assembler pour „ regler une contribution capable „ de subvenir aux desseins de la „ Republique; alors il se leve & „ garde le silence, ou le plus sou- „ vent il fend la presse & se retire. „ Lorsqu'il marie sa fille & qu'il „ sacrifie selon la coutume, il n'a- „ bandonne de la victime que les „ parties seules qui doivent etre „ brulées sur l'Autel, il reserve „ les autres pour les vendre, & com-

* *Populus me sibilat at mihi plaudo*
  Ipse domi, simul ac nummos contemplor in
  Arcâ. Horace sat. 4. h. 1.

,, comme il manque de Domefti-
,, ques pour fervir à table, & etre
,, chargés du foin des nôces, il
,, loue des gens pour tout le tems
,, de la fête qui fe nouriffent à
,, leurs depens, & à qui il donne
,, une certaine fomme. S'il eft Ca-
,, pitaine de Galere, voulant me-
,, nager fon lit, il fe contente de
,, coucher indifferemment avec les
,, autres fur la natte qu'il emprun-
,, te de fon Pilote. Vous verrez
,, une autrefois cet homme fordi-
,, de acheter en plein marché des
,, viandes cuites, toutes fortes
,, d'herbes, & les porter hardi-
,, ment dans fon fein & fous fa ro-
,, be: S'il l'a un jour envoyée chez
,, le teinturier pour la détacher,
,, comme il n'en a pas une fecon-
,, de pour fortir, il eft obligé de
,, garder la chambre. Il fçait evi-
,, ter dans la Place la rencontre
,, d'un ami pauvre qui pourroit lui
,, demander comme aux autres

quel-

„ quelque secours, il se detourne
„ de lui, il reprend le chemin de
„ sa maison. Il ne donne point de
„ servantes à sa Femme, content
„ de lui en louer quelques unes
„ pour l'accompagner à la ville
„ toutes les fois qu'elle sort. En-
„ fin ne pensez pas que ce soit un
„ autre que lui qui ballie le matin
„ sa chambre, qui fasse font lit &
„ le nettoye. Il faut ajouter qu'il
„ porte un manteau usé, sale &
„ tout couvert de taches; qu'en
„ aiant honte lui-même, il le re-
„ tourne quand il est obligé d'aller
„ tenir sa place dans quelque assem-
„ blée. ”

Ce Portrait, tiré d'après nature,
justifie le sentiment d'un Philosophe Païen * qui disoit *qu'un avare*
ne peut pas etre honnête homme.
Les *Lacedemoniens* en etoient si
persuadés qu'ils punissoient rigou-
reu-

* Antysthene.

teufement l'avarice & la croyoient
oppofée au Bien de la focieté Civile. Un Ancien hiftorien * raporte
qu'un jeune homme aiant acheté u-
ne terre à bon marché, les Magiftrats l'envoyèrent chercher & le
mirent à l'Amende, parce qu'ils
fuppoferent que c'etoit l'avidité du
gain qui lui avoit fait acheter ce
bien au deffous de fon prix.

On s'imagine d'ordinaire que les
avares & les prodigues font diametralement oppofés, mais cela n'eft
pas toujours vrai ; car il y a des gens
qui font à la fois avares & prodigues, & c'eft affez le Caractere
des Femmes, fur tout de celles
d'un certain rang. Il y a des gens,
par exemple, qui n'amaffent du
bien que pour le prodiguer, & en
faire un ufage illicite ; je n'en
veux point d'autre preuve que la
conduite des gens de finances, &
de

* Elien hift. l. 14. c. 44.

de guerre. Peut-on voir de plus in-
figues voleurs que la plupart de ces
meffieurs. „ * Leurs feftins, leurs
„ Bâtimens, & les fêtes qu'ils don-
„ nent aux Dames fe font avec la
„ derniere profufion: mais en re-
„ compenfe leurs extorfions fur le
„ Peuple fe font avec la derniere
„ avarice, & on leur peut appli-
„ quer très-juftement ce qu'on a
„ dit d'un ancien *Romain* † qu'ils
„ font avides du bien d'autrui, &
„ prodigues du leur. ”

* Bayle, *penfées diverfes.*
† Alieni appetens, fui profufus. *Salluft. de
Catilina.*

CHA;

CHAPITRE XVIII.

De l'Orgueil & de l'Ostèn-tation.

Anitez des vanitez, dit le Sage, *tout est vanitez* : a-outons; *chez les Femmes*, pour rendre le sens plus complet. Oui, *chez les Femmes*, car elles regardent avec mepris tout ce qu'il y a dans le monde : il semble que rien ne soit digne d'elles, & c'est justement cette disposition d'esprit qui fait l'orgueil. Imaginez-vous, que *Seraphique* est l'Original des trois quarts des Femmes : on diroit que toutes les Dames de la Ville se moulent sur elle; & elles en paroissent être des copies justes dans toutes leurs proportions. He bien! voici le Portrait de *Seraphique*. Elle re-

M   garde

garde avec dedain ceux qui l'abor-
dent, & malgré tout le respect
qu'ils temoignent avoir pour elle,
on est tenté de croire, à en
juger par sa contenance, pendant
qu'ils lui parlent, qu'elle essuye un
sanglant affront. Elle reproche jusqu'aux moindres de ses bien-faits.
Elle dit par tout qu'elle a fait de
grands plaisirs à telles personnes
qui n'en ont pas eu la moindre reconnoissance. Mais ces pretendus
ingrats repondent à ces reproches,
que, supposé la verité du fait, elle s'est payée elle-même de tout le
bien qu'elle a pû leur faire, à force de le repeter & d'en etourdir
le Public. Vous la voyez marcher
fierement dans les Rues, sans dai-
gner repondre aux saluts qu'on lui
fait; elle ne regarde personne. Envers ceux-mêmes dont elle a besoin, elle n'use jamais de prieres:
elle s'imagine qu'on doit lui faire
plaisir, & lui rendre *gratis* toutes
fortes

fortes de services. Ce caractere la
rend odieuse en H * * * ou elle est
venuë se transplanter depuis peu.
Aussi trouve-t'elle mille dèsagré-
mens dans ce Païs, ou l'on mar-
chande jusqu'aux pas & aux paroles
d'un Laquais, & ou, on ne parle
imperieusement que monnoye son-
nante. Il faut rendre cette justice
aux Dames H * * * elles sont beaucoup moins fieres que les F * * *
mais c'est moins chez elles une vertu, qu'un effet de l'air grossier
qu'elles respirent. J'en pourrois encore donner d'autres raisons que je
tais par prudence.

Pour ce qui est de l'Ostentation,
les Dames des deux Païs n'ont guere de reproche à se faire là dessus.
Les unes & les autres, aiment
beaucoup à faire montre de leurs
biens, & de leurs avantages réels
ou pretendus. En F * * * les Dames font montre des agrémens de
l'Esprit & du corps: en H * * * il

sem-

semble qu'on neglige ces avantages,
& qu'on leur prefere un lomp-
tueux étalage de superbes ameuble-
mens, de belles porcelaines de la
Chine; de riches etoffes des Indes,
&c. Ici & là, les Femmes se van-
tent de leurs Richesses.

Il est juste que les Hommes tiennent leur coin dans chaque Article
de cet ouvrage; je joindrai donc,
à ce que je viens de dire, le Portrait que *Theopharaste* nous a donné d'un homme qui est dominé par
l'Ostentation. Ils s'arête, dit-il,
dans l'endroit du *Pyrée* * ou les
Marchands etalent, & ou se trouve un plus grand nombre d'etrangers; il entre en matiere avec eux,
il leur dit qu'il a beaucoup d'argent
sur la Mer, il discourt avec eux
des avantages de ce commerce,
des gains immenses qu'il y a à espe-
rer pour ceux qui y entrent, & de
ceux

* Port à *Athenes* fort celebre.

eux fur tout que lui, qui leur par-
e y a faits. Il aborde dans un voia-
ge le premier qu'il trouve fur fon
chemin, lui fait compagnie & lui
dit bien-tot qu'il a fervi fous Alexandre, quels beaux Vafes, &
tout enrichis de Pierreries il a raporté d'Afie, quels excellens Ou-
vriers s'y rencontrent, & combien ceux de l'Europe leur font in-
ferieurs. Il fe vante dans une autre
occafion d'une Lettre qu'il a reçuë
d'Antipater * qui apprend que lui
troifieme eft entré dans la Mace-
doine. Il dit une autrefois que bien
que les Magiftrats lui ayent permis
tels tranfports † de bois qu'il lui
plairoit fans payer de tributs, pour
éviter néanmoins l'envie du Peuple,

* L'un des Capitaines *d'Alexandre* le Grand.
† Parce que les Pins, les fapins, les Cyprès,
& tout autre bois propre à conftruire des vaif-
feaux etoient rares dans le Païs *Attique*, l'on
n'en permettoit le tranfport en d'autres Païs
qu'en payant un fort gros tribut.

ple, il n'a point voulu ufer de ce
privilege. Il ajoute que pendant une
grande cherté de vivres, il a diftri-
bué aux Pauvres Citoyens d'Athenes jufques à la fomme de cinq talens; & s'il parle à des gens qu'il
ne connoit point, & dont il n'eft
pas mieux connu, il leur fait prendre des jettons, compter le nombre de ceux à qui il a fait ces lar-
geffes; & quoiqu'il monte à plus
de fix cens perfonnes, il leur donne à tous des noms convenables;
& après avoir fupputé les fommes
particulieres qu'il a données à chacun d'eux, il fe trouve qu'il en re-
fulte le double de ce qu'il penfoit,
& que dix Talens y font employez,
fans compter, pour fuit-il, les Galeres que j'ai armées à mes de-
pends, & les charges publiques que
j'ai exercées à mes fraix & fans recompenfe. Cet homme faftueux va
chez un fameux marchand de Chevaux, fait fortir de l'Ecurie les plus
beaux

beaux chevaux & les meilleurs,
fait ſes oſtres, comme s'il vouloit
les acheter. De même il viſite les
foires les plus celebres, entre ſous
les tentes des Marchands, ſe fait
deployer une riche robe, & qui
vaut juſqu'à dix talens, & il ſort
en querellant ſon valet de ce qu'il
oſe le ſuivre ſans porter de l'or ſur
lui pour les beſoins ou l'on le trouve. Enfin s'il habite une maiſon
dont il paye le loyer, il dit hardiment à quelqu'un qui l'ignore que
c'eſt une maiſon de famille, &
qu'il a herité de ſon Pere, mais
qu'il veut s'en defaire, ſeulement
parce qu'elle eſt trop petite pour le
grand nombre d'etrangers qu'il retire chez lui, *par droit d'hoſpita-
lité.*

CHAPITRE XIX.

De la Colere.

LEs Grecs n'avoient-ils pas raifon d'appeller la Colere *une
folie de peu de durée?* Un homme
emporté par l'impetuofité de cette
paffion qu'eft-il autre chofe qu'un
furieux qui n'écoute pas la raifon?
Il facrifie, au defir de fatisfaire fa
vengeance, tous les fentimens de
pieté, de compaffion, & même les
regles les plus inviolables de fon
devoir. Rien n'eft facré pour lui.
De là vient que la colere eft fouvent plus dangereufe que bien des
efpeces de folies. * On fe repent
de tout ce que fait faire cette paf-
fi-

---

* *Sapè mentem hominum detexit ira latentem;*
Ira que pejor eft quandoque infania. Evenus.

fion ; mais on s'en repent quand le mal eſt fait & qu'il n'y a plus de remede. On s'engage, par une ſuite neceſſaire de cette paſſion, dans les injuſtes reſſentimens qui nous portent à la vengeance. La nature corrompuë nous enſeigne ces deſordres ; &, ſans autres maîtres que nos deſirs, nous trouvons toujours le moïen de ſatisfaire cette paſſion. Elle eſt ſi furieuſe que ſouvent il eſt impoſſible de la reprimer, ou de la prevenir, tant elle eſt ſoudaine. De quoi n'eſt pas pas capable un homme tranſporté de colere, dit Horace? Non, non, les Prêtres de *Cybele*, ceux d'*Apollon*, ceux même de *Bacchus*, ne ſont point ſujets à de plus noires vapeurs, lorſqu'enlevez à eux mêmes & privez de raiſon, ils ſuivent les fougueuſes ardeurs du Dieu qui les inſpire. Non, non les Corybantes, eux mêmes, ces Prêtes auſſi fous que bien d'autres, aux jours de

leurs

leurs plus violens tranſports, lorſqu'ils courent les rues en frapant à
coups redoublés leurs inſtrumens
d'airin, ne marquent pas plus d'e-
garement d'eſprit, qu'on en voit
dans un homme que la colere maî-
triſe *.

On ne craint alors, ajoute-t'il,
ni le fer, ni le feu, ni les tem-
pêtes de la Mer, ni Jupiter lui-
même quoique le plus ſcelerat des
Dieux, le vit-on fondre du haut du
Ciel lançant des foudres de toutes
parts †.

On croiroit peut être que la
Colere eſt la marque d'un Cœur
genereux|; mais il n'en eſt rien.
C'eſt bien plutot une preuve de
notre

* *Non Dindymene, non adytis quatit*
Mente. ſacerdotum incola Pythius,
Non Tiber equi, non acuta
 Sic gemiuant Corybantes æra,
Triſtes ut iræ. Lib. 1. Ode 16.
  † *Quas neque Noricus*
Deſeret enſis, nec mare Naufragum,
 Nec ſævus ignis, nec tremendo
Jupiter ipſe ruens tumultu, Ibid.

notre foiblesse; & je suis persuadé que quand l'Ecriture donne la
primauté à la colere des Femmes, * elle veut nous faire entendre que leur infirmité surpas-
se celle des hommes. ,, Car, dans
,, les Femmes les Especes des
,, objets vives & legeres se re-
,, muent d'elles-mêmes; & l'ima-
,, gination subtile & delicate, se
,, livre sans peine à leur empor-
,, tement. " * * Aussi ne faut. Il
jamais consulter son zele pendant
qu'il est en fermentation; car alors
on a le jugement *obtrus*, & on est
dans une entiere impossibilité de juger sainement des choses. *

† Nous serions perdus si la colere
etoit aussi opiniatre qu'elle est sou-
daine,

---

* Eccl. Ch. 25.
* * Les Amours d'Horace.
* *Iratus de re incerta contendere noli:*
  Impedit ira animum ne possit cernere
   verum. Catonis distich. l. 2. n. 5.
† V. Senault de l'usage des Passions.

daine, & la terre ne feroit plus qu'une
folitude fi cette paffion avoit autant de durée qu'elle a de chaleur.
La Nature ne pouvoit mieux nous
faire paroitre le foin qu'elle a de
notre confervation, qu'en donnant
des bornes etroites à la plus farouche de nos paffions. Et puis que
l'Amour qu'elle nous porte, l'a
obligée à rendre les monftres fteri-
les, & à donner une courte vie
aux Bêtes les plus furieufes, elle
ne devoit donner qu'un terme bien
court à une paffion auffi dangereufe
que la colere. Encore ne laiffe-t'elle pas de caufer beaucoup de malheurs en ce peu de tems qu'elle dure. Elle employe bien les momens
que la nature lui a donnez, & en
peu d'heures elle fait bien des ravages. Car, outre qu'elle trouble
l'Efprit de l'homme, qu'elle altere
fa couleur, qu'elle femble fe jouër
de fon fang. que tantot elle le retire
auprès du cœur, tantot elle le re-
jette

jette ſur le viſage, qu'elle allume des
flammes dans les yeux, qu'elle met
des menaces en la bouche , &
qu'elle arme les mains de tout ce
qu'elle rencontre , elle produit
bien des effets plus etranges dans le
monde. Elle en a mille fois changé la face depuis ſa naiſſance. Il n'y
a point de Provinces ou elle n'ait
fait quelques degâts , & l'on ne
trouve point de Royaume qui ne
pleure encore ſa violence. Ces rui-
nes qui ont autrefois été les fon-
demens de quelque ſuperbe ville,
ſont les reſtes de la Colere. Ces
Monarchies qui gouvernoient autrefois toute la terre, & que nous
ne connoiſſons plus que par l'hiſtoire, ne ſe plaignent pas tant de la
fortune, que de la Colere. Ces
grands Princes dont l'orgueil eſt
reduit en poudre, ſoupirent dans
leurs tombeaux, & n'acuſent que
la colere de la perte de leur vie, &
de la ruine de leurs Etats. Les uns
ont

ont été affaffinez dans leur lit; les autres, comme des victimez ont été immolez auprès des Autels: les uns ont fini miferablement leurs jours au milieu de leurs armées; & tant de foldats qui les environnoient ne les ont pû defendre de la mort; les autres ont perdu la vie fur leur Throne, fans que cet eclat qui brille fur le vifage des Rois, pût etonner leurs meurtriers; les uns ont vû leurs propres enfans attenter à leur perfonne; les autres ont vû repandre leur fang, par la main de leurs Efclaves. Mais, fans fe plaindre de leurs parricides, ils ne fe plaignent que de la Colere, & oubliants tous leurs defaftres particuliers, ils ne condamnent que cette paffion qui en eft la fource feconde & malheureufe. * Que ne pour-

* *Afpice nobiliffimarum civitatum fundamenta vix notabilia: has ira dejecit. Afpice folitudines fine habitatione defertas: has ira exhaufit. Afpice tot memoriæ proditos duces mali exempla fati, alium*

pourrois je pas ajouter à ce detail,
si je voulois donner ici une chroni-
que scandaleuse des Femmes ? De
combien de meurtres, de combien
d'empoisonnemens, &c. ne pour-
rois-je pas la grossir ? Mais il me
suffit de pouvoir dire, appuyé de
l'autorité de l'Ecriture, que quoique ces desordres soient horribles,
la colere en a fait commettre de
beaucoup plus grands aux Femmes.
Quelle autre passion que la Colere,
pourroit rendre une mere assez barbare, pour donner la mort à un
enfant, à qui elle vient de donner
la vie ? Un ancien* n'avoit-il donc
pas bien raison de demander aux
Dieux d'etre superieur à sa colere?
Pour nous, qui sommes eclairés
des lumieres de l'Evangile, nous
devons continuellement implorer
le

---

*lium ira in cubili? suo confodit, alium inter sacra
mensa percussit, alium filii parricidio dare sangui-
nem jussit. Seuec. l. 1. deira c. 2.*
  * Libanus.

le secours de la Grace, afin de prendre si bien nos mesures, qu'il ne nous arrive jamais de suivre les mouvemens dereglez de la Colere.

Mais, diront les Dames, qui naturellement aiment la chicane, il est dit dans l'Ecriture : *mettez-vous en colere & ne pechez-point* : la colere, concluront-elles, n'est donc pas une passion si hideuse que vous venez de la peindre. Le beau & le savant commentaire que je pourrois faire sur ces Paroles ! si j'avois etudié quelques mois de plus en Theologie. Je pourrois *peut être* prouver assez solidement que le veritable sens de ce passage est que s'il etoit possible de se mettre en colere sans pecher, il seroit permis de le faire: Belle découverte! mais je m'en tiens aux idées vulgaires, & je dis que le S. Esprit nous ordonne de nous mettre en colere contre nos vices, & d'être enflamées d'un St. Zele pour detruire nos mauvaises habitudes.

Du

Du reſte, nous devons eviter, en
toute autre occaſion, de nous
mettre en colere, & nous devons
l'eviter avec d'autant plus de ſoin
qu'on ne peut rien faire avec regle
& meſure tant qu'on eſt maîtriſé
par cette paſſion. *

*Ira procul abſit, cùm quâ nihil rectè fieri,
nihil conſiderate poteſt. Cicer. de Offic. l. 1. n. 38.

N PEN

PENSE'ES
LIBRES
Sur divers Sujets.

*LEs bonnes mœurs ne font pas moins effentielles à la Religion que la foi : ainfi je voudrois bien favoir pourquoi on s'aplique avec tant d'exactitude à reformer la foi des errans, tandis qu'on a au milieu de fon Troupeau, & dans fon propre cœur des vices abominables, qui fcandalifent les foibles, & defigurent la Religion.

* Les P * * * prennent toutes fortes de precautions pour empêcher qu'un R * * * n'entame les matieres de controverfes, & que nos Livres ne parviennent jufqu'à eux; & ils publient en même tems que leur Eglife eft fi ferme que

rien

rien ne peut l'ebranler, qu'elle eſt
infallible, .&c. Si cela eſt, leurs
frayeurs ſont mal fondées, & leurs
précautions inutiles. Que ne laiſ-
ſent-ils la Liberté de parler &
d'ecrire?

* Prov. 1. vſ. 20. & 21. *La
ſouveraine ſapience crie hautement
au dehors, elle fait retentir ſa
voix dans les rües, elle crie dans
les carrefours ou on mene le plus
de bruit, aux entrées des Portes
&c.* R. ſi l'on étoit capable de Reflexions, le Roi & le Sujet, le
Maître & l'Eſclave, le Noble & le
Roturier, tous les hommes de
quelque qualité qu'ils ſoient, pauvres & riches; tous ſans exception
entendroient cette voix de la ſapience *qui crie au dehors* par la
mort d'un de nos Proches, par
l'abbaiſſement d'un homme qui, un
moment auparavant, ſe voïoit éle-
vé au faîte des Grándenrs. Nous
entendrions la voix de nôtre con-
ſcien-

science. C'est un juge integre qui nous suit en tout lieu, & que les embarras les plus tumultueux de ce monde ne peuvent empêcher de *crier*, pour nous avertir des crimes que nous commettons, contre les loix de la Nature.

* Les S * * * font, à proprement parler des Mahometans deguisez sous ce nouveau nom, pour eviter les Chatimens que meritent leurs blasphemes, au jugement des Ortodoxes.

* Les R * * * disent qu'il ne faut croire à aucun homme, pas même au P * * *, ni aux Conciles, mais à l'Ecriture seule. Fort bien, repond un C. R * *: moi qui ne sais ni l'Hebreu, ni le Grec, je suis obligé de croire à l'Ecriture, sur la bonne foi des Traducteurs, n'est-il pas vrai? Sont-ils plus infallibles que le P * * *, vos Messieurs qui traduisent la Bible? N'avouerez-vous pas que leur fidelité est

pour

pour le moins auſſi Equivoque
que celle d'un Concile ? Difcon-
iendrez vous que le ſens d'un paſ-
age depend ſouvent d'une Lettre
omiſe , d'un ſeul mot oublié , ou
al rendu? N'eſt-il pas vrai encore, qu'il n'y a point d'analogie
parfaite entre les Langues de divers
aïs ; moins encore entre le jar-
gon françois & la langue Hebraï-
que ? Voilà une difficulté qui
m'embarraſſe beaucoup : je prie
Mrs. nos M * * * qui en ſavent
plus que moi de lever mes doutes
deſſus pourvû qu'ils le faſſent charitablement , & non *Theologiquement.*

* Les P * * * en perſecutant les
R * * * agiſſent contre leurs propres principes. Pour entrer dans
cette penſée, on doit ſe ſouvenir
qu'il y a deux ſentimens qui divi-
ſent aujourd'hui leur Egliſe , en
deux Partis inegaux. Le plus
conſiderable par le nombre eſt celui des Moliniſtes qui nient l'efficace de la Grace, tant ils ſont jaloux

de foutenir les droits de la Libert
d'indifférence, par ce que fans elle
difent-ils, il n'y a ni vertus, ni vices
ni Religion, ni Recompenfes, n
peines; principes directement oppo
fé aux criantes perfecutions dont o
a accablez les Reformés en Franc
depuis deux cens ans ; car les exils
les prifons, les Galeres, la Rouë
le feu, la confifcation des biens,
& pour tout dire en un mot la
DRAGONNADE, ne font ce pas
des chofes qui forcent pour le moins
autant la Liberté que la Grace efficace ? L'autre parti eft celui des
Janfeniftes qui foutiennent avec
raifon, n'en deplaife aux Difciples
du Vifionaire Ignace, 1, qu'il n'y
a que la Grace efficace par elle-
même qui puiffe changer le Cœur,
donner la foi, & les autres vertus
néceffaires à falut: 2. que Dieu ne
donnepas cette Grace à tous, mais
à qui, il lui plaît· Ce fentiment
exclut la Perfecution, puis que
tous

tous les moïens humains ne peuvent
changer le cœur, ni donner la Grace à
ceux qu'on traîne involontairement
au pied des Autels pour y adorer
un morceau de Pâte mal paître.

* J'admire les C * * R * * *
qui dans leurs Ecrits pour prouver
la Divinité de la Religion Chrêtienne, & la faufieté du Mahometifme, citent l'exemple des Apôtres qui ont diffipé les tenebres du
Paganifme, non pas en perfécu-
tant, mais en fouffrant perfecution,
& par la feule voie de la perfua-
fion ; au lieu que le faux Prophete
Mahomet a employé l'Epée pour
faire recevoir l'Alcoran. Du moins,
Meffieurs les Catholiques, foyez
d'accord avec vous-mêmes, & ne
nous donnez pas lieu de conclure
de vos propres Principes que votre Religion ne vaut pas plus que
le Mahometifme.

* Le fens de ces paroles : *Ceci*
eft mon corps : ceci eft mon fang,

N 4 fait

fait depuis long tems le fujet d'une
difpute fort échauffée entre les
deux Communions la Proteftante
& la Romaine. Chaque parti veut
avoir raifon ; cependant il faut neceffairement que l'un des deux ait
tord. On ne peut faifir la verité
par deux points diametralement oppofés. Qui prendrons nous pour
juge en cette occafion ? L'Ecriture. Mais on fe bat fur le fens
qu'on doit lui donner. Aions donc
recours à la raifon. Si nous la con-
fultons fans prevention , elle ne
nous trompera point , & j'ofe avancer qu'elle decide en faveur du fens
figuré. Un peu de Reflexions aux
circonftances qui accompagnerent
la benediction du pain Eucarifti-
que, convaincra tout homme raifonnable de cette verité , & par
une confequence neceffaire , de
l'impoffibilité , ou fi vous voulez
de l'abfurdité du dogme de la Tran-
fubftantiation. C'étoit J. C. lui
mê-

même qui parloit; les Apotres le voyoient pour lors fous la même figure qu'ils l'avoient toujours vû depuis trois ans qu'ils s'étoient attachés à fa fortune : Ne faudroit-il pas qu'ils euffent été pis que fous, s'il eft permis de s'exprimer ainfi, pour croire bonnement que le corps qu'ils voyoient être un objet très-different du pain que J.C. tenoit entre fes doigts, fe trouvat neanmoins dans ce pain.

Du moins faudroit-il fuppofer que J. C. avoit deux corps, (ou que les Apotres le crurent ainfi,) l'un qu'ils conçurent par la foi être réellement dans le Pain, & l'autre que tous leurs fens leur difoient être hors du Pain. Cependant jufqu'à prefent aucun Catholique, que je fache, n'a avancé ce fentiment.

On ne dira pas non plus que le corps que les Apotres voioient être hors du pain, fut un corps phantaftique, car on faperoit par là

tous

tous les principaux dogmes de la
Religion Chrêtienne, entr' autres
celui de la Refurrection du Sau-
veur, qui en eft la bafe, puis que les
Difciples n'en ont eus d'autres preuves que le temoignage de leurs fens.
Je ne crois pas que l'on puiffe refifter
à la force de cette preuve, que je regarde comme une Demonftration
en faveur de notre fentiment : je
ne pretens pas pourtant parler en
Pape, ni que ce que j'avance foit
regardé comme s'il étoit proferé *ex
Cathedrâ*.

  * Un Miffionaire de la Chine raconte qu'une Dame Mandarine
voulant fe confeffer ; & ne pou-
vant fe faire entendre au Jefuite,
fit le detail de fes Pechez à fon fils
ainé qui devoit enfuite les raconter au R. P. en recevoir les avis,
& les lui communiquer : le P.
Chavagnac finit ce recit par une
exclamation digne d'un hypocrite
Jefuite: *Trouveroit-on en Europe*,
dit-

dit-il, † *ces Exemples de simplicité*
& de ferveur. Quoi! est ce donc
là un Exemple à imiter?

* On voit par le 3. Chapitre de
la premiere Epitre de S. Jean, que
ne pas faire du bien à son frere &
le haïr sont une même chose: *Or*,
dit Cet Apotre *quiconque hait son*
frere est meurtrier, & vous savez
que nul meurtrier n'a la vie eter-
nelle demeurante en soi: ainsi donc
celui qui aura des biens de ce mon-
de & verra son frere avoir necessi-
té, & lui fermera ses entrailles,
comment demeure la charité de
Dieu en lui? C'est dire clairement
qu'un tel homme n'aura pas la vie
éternelle.

* Peut-on être de pourvû de sens
jusqu'au point de soutenir que la
Grace nous entraine invinciblement
à faire le bien, & nous laisse neanmoins le pouvoir de faire le mal?
he!

† V. la 9. des Lettres Edifiantes.

hé ! quel pouvoir ! Selon de fa-
vans Docteurs, il ne fera jamais
reduit à l'Acte, tandis que la Grace agira dans le fidele. Est ce donc
là un pouvoir ? Ces Theologiens
revent apparemment lorsqu'ils
croient trouver une preuve folide
de ce fentiment dans cette compa-
raifon : un homme , difent-ils, a
le pouvoir de fe jetter par la fenêtre ,& cependant il ne le fera pas ,
tandis qu'il fera dans fon bon fens.
Ils ne prennent pas garde qu'ils
prouvent tout le contraire de ce
qu'ils veulent, car la raifon est une
Chaine qui retient l'homme en
queftion dans fa chambre , fans
qu'il lui vienne feulement la moindre penfée de fe jetter par la fenêtre. Mais, dira-t'on, fi la raifon
de cet homme s'éclipfe, comme
cela est très-poffible , qui l'empê-
chera de fe jetter par la fenêtre ?
ainfi, fuivant la diftinction du Dr.
An-

Angelique *, le pouvoir dont il s'agit doit être entendu & *pris in ſenſu diviſo* & non pas *in ſenſu compoſito.* Belle Diſtinction ! il vaudroit autant dire qu'un criminel dans le fonds d'un cachot, ou il a piès & poings liés peut ſe ſauver, *in ſenſu diviſo*, parceque ſi on lui ôte ſes chaines & qu'on lui ouvre les portes de la priſon, il n'y aura plus rien qui l'empêche de ſortir. Cela s'appelle raiſonner & raiſonner comme un Ange ! Par cette petite diſtinction, il ſemble qu'on ſoit d'un ſentiment bien éloigné de celui des Calviniſtes.

* J'ai vû & j'ai connu très-particulierement en France certains Docteurs qui paſſent pour J * * * Si on leur demande de quelle maniere J. C. eſt dans l'Euchariſtie : *Sacramentellement*, vous repondent-ils. Priez-les d'expliquer ce terme, ils
le

⸲ Thomas d'Aquin.

le refuferont: preuve que la Politique, ou le deguifement eft le premier point de leur morale pratique,
quoiqu'ils le defavouent dans la fpeculation.

* Les Cartefiens qui foutiennent
que les trois dimenfions longueur,
largeur & profondeur, font l'effence du corps fe contrediroient grof-
fiérement, s'ils croïoient la pre-
fence reelle, puis que, felon les
Theologiens de Rome, le corps de
J.C. eft dans l'Euchariſte fans eten-
due: & à ce compte-là, il n'y eft
pas du tout, fuivant les Philofophes modernes, puis que les
Theologiens detruifent fon effence. On s'eft bien aperçu du coup
que la Philofophie de Defcartes
portoit à la Tranfubftantiation.Mais
les Difciples de ce Philofophe ne
trouvant pas à propos de donner
un foufflet à la Theologie, & crai-
gnant les peines infligées aux Here-
ti-

tiques : peu difpofés d'ailleurs à abaudonner leur fentiment, ont dit, pour fe tirer de ce mauvais pas, qu'ils parloient en Philofophes & nullement en Theologiens, comme fi la raifon que l'on fait profeffion de fuivre en Philofophie, etoit d'une autre efpece que celle que nous devons confulter en Theologie.

* Copier ou imiter les modernes c'eft Plagiat, au dire de certains beaux efprits: faire la même chofe à l'egard des Anciens, c'eft ce qu'on nomme Litterature. Quelle extravagance ! Trois ou quatre fiecles de plus ou de moins, changent-ils la nature des Chofes ? fi cela eft, ceux qui Copieront nos Auteurs d'aujourd'hui, dans quatre ou cinq cens ans, feront gens Lettres. Nous voyons à la Haye certains Auteurs fatyriques, diffamez & *diffamatoires*

res † qui coufent tant bien que mal
quelques Lambeaux des Anciens,
pour accufer un de leurs Confreres
de Plagiat. Jugez, Lecteur, de la
droiture de ce Procedé.

* Certain bel efprit de par le
monde, condamne rigoureufement
les Satyres & les Libelles, & vous
remarquerez, s'il vous plait, qu'il
donne ce noms aux portraits que
l'on fait de lui d'après nature. Il
dit même avec l'ingenieux Ecri-
vain du Spectateur Anglois * "que
„ tout honnête homme doit fe re-
„ garder comme dans un Etat na-
„ turel de guerre avec les fai-
„ feurs de Libelles & de Saty-
„ res, & les harceler par tout
„ ou il les trouve fur fon che-
„ min: Qu'on ne fait que fuivre
la

† Ce terme peut leur fournir le fujet d'une
Lettre S. & B.
* To. 1. Difc. XXVIII. à la fin.

„ la Loi du Talion & agir avec
„ eux de la même maniere qu'ils en
„ ufent avec les autres. ” Malgré
cela, cet honnête homme, dont
la plume eſt toujours au ſervice du
lus offrant, enfante un Libelle
des plus execrables. Il s'eſt expoſé
par cette infame production à la
haine de tous les honnêtes gens.
En cela, comme en bien d'autres
choſes, il a viſiblement agi contre
ſa conſcience, puis qu'il déclame
fortement contre les Libelles dans
le Libelle-même dont il vient de
regaler le Public. ” Il eſt vrai que,
„ ſelon la coutume des faiſeurs de
„ Libelles, il s'eſt deguiſé autant
„ qu'il a pû. Ces nuages dont il a
„ taché de ſe couvrir, ſont un a-
„ veu qui lui a echapé ſans y pen-
„ ſer de la honte qu'il ſent de ſa
„ conduite, & de la crainte qu'il a
„ d'en etre puni. C'eſt un hom-
„ mage qu'il a rendu malgré lui à

„ la juſtice qu'il offenſoit." *

* N'allez pas vous imaginer
qu'il ſoit permis de ſe livrer indif
feremment & ſans examen,
tout ce qui nous frappe ſous l'idé
d'un Bien. Quoiqu'on goute d
plaiſir quand on s'abandonne à ſ.
Paſſions, & qu'on éprouve de:
peines quand on y reſiſte, il ne
faut pas ſuivre leur fougue. Un
vaindicatif, par exemple, regarde
la vengeance comme un Bien
Pourquoi cela, s'il vous plait?
C'eſt qu'il goute du plaiſir dans le
moment qu'il ſatisfait cette paſſion
Auroit-il raiſon d'en conclure que
l'Auteur de la Nature veut qu'il ſe
vange, & qu'il en recherche toutes les occaſions? Une belle preuve, une preuve *aſſomante* qu'il au-
. roit

* On ne fait qu'appliquer à l'Auteur des L.
S. & B, les termes dont il s'eſt ſervi pag. 30. ce
parlant de la Lettre Critique ſur le 1. to. de
l'Etat preſent des Provinces-Unies par Jan-
çon.

les Femmes. 211

roit tord de raisonner ainsi, c'est qu'il n'aura pas plutot tué, ou voulu diffamer son Ennemi, qu'il apercevra toute l'horreur de son crime. S'est-il vangé par un Libelle ? Il desavoüe hautement une Production qui ne peut que le couvrir de honte; ce qui prouve encore, pour le dire en passant, qu'il y a dans tous les hommes une *Notion* generale & constante du Bien, & que la difference de sentiment qu'on remarque entr'eux à l'egard de quelques biens particuliers ne peut raisonnablement autoriser à croire que cette Notion depende uniquement, dans l'etat de nature, du jugement de chaque personne. Et même c'est une Doctrine constante en bonne Theologie, qu'il y a, dans la nature & dans l'essence de certaines choses, un bien ou un mal moral qui precede le Decret Divin : C'est à dire, pour parler le langage populaire, que les choses Saintes sont

aimées de Dieu, à caufe qu'elles
font Saintes, mais qu'elles ne font
point Saintes à caufe qu'elles font
aimées de Dieu. Autrement, comme le remarque le *Doctiſſime* Bayle *, ne faire tord à perſonne ſeroit une bonne action, non pas en
ſoi-même, mais par une diſpoſi-
tion arbitraire de la volonté de
Dieu. Il s'enſuivroit que Dieu auroit pû donner à l'homme une Loi
directement oppoſée en tous ſes
points au Commandement du De-
calogue. Cela fait horreur. C'eſt ce
qui a fait avouer aux Philoſophes
Chrêtiens que les eſſences des choſes font éternelles, & qu'il y a des
propoſitions d'une éternelle verité;
& par conſequent que les eſſences des choſes, & la verité des
premiers principes font immua-
bles.

* A quoi penſez vous, Lycidas,
de

* Penſées diverſes. 10. 4.

de fronder impitoïablement ceux
qui ont ecrit avant vous fur la matiere que vous traitez aujourd'hui,
peut-être avec beaucoup moins
d'ordre & de difcernement qu'eux ?
Quelle ingratitude ! Dechirer des
Auteurs de qui vous empruntez
tout ce qu'il y a de bon dans le
Grand Ouvrage dont nous avons deja deux volumes *in folio* ! N'y avoit-
il pas d'autre moyen de fatisfaire
votre amour propre ? Falloit-il donner tant de prife à la critique,
en affichant un monument de votre vanité au frontifpice d'un ouvrage , que, felon toutes apparences, vous ne terminerez pas à votre honneur ? Quel homme êtes-
vous ! Jufques dans un miferable
Difcours qu'Arlequin auroit honte
de debiter fur le theatre , vous faites paroître votre humeur atrabilai-
re & Cauftique. Vous y chargés
d'injures les plus groffieres, Jufte
Lipfe & Scaliger le Pere , deux

fça-

sçavans qu'on ne cessera d'admirer
que quand on pourra vous estimer.
Savez-vous bien que l'on redoute
infiniment plus vos louanges, qu
vos Satyres? On dit dans le monde que vous faites l'Eloge de tou.
ceux que vous blamez, & que
vous avez une humeur chagrine
qui s'est accoutumée de longue ma.
in à criailler & à dire des injures.
Vous perdez la plus grande partie
de votre vie à un metier auquel il
vous est impossible de réussir; je
veux dire à la Critique. Vous a-
vez assez d'Erudition, mais la principale piéce vous manque, savoir
le gout & le sentiment des vrayes
beautez, & c'est ce que l'Erudition
toute seule ne donne point. Votre
G. D. G. & C. que vous estimez
tant par les Recherches savantes
que vous croyez y avoir rassem-
blées, est, dit-on, un chef d'œuvre
d'impertinences d'un bout à l'autre,
pour ce qui regarde le faux jugement

ment & le mauvais gout. Vous decidez de tout & de tout *fottement*
& *Bêtement.* Vous avez un grand
attirail de Grammaire, & d'Anti-
quitez Grecques & Romaines,
mais pas le moindre gout pour ce
qui regarde le veritable bel Efprit;
une infenfibilité ftupide pour ce
que les Grecs appelloient *Atticifme,*
les Latins *Urbanité,* & ce que nous
appellons en François Elegance &
delicateffe.

Voilà le Portrait qu'on fait de
vous, voilà cet homme qui fe
croit le plus fçavant & le plus judicieux critique de l'Univers. N'a-
t'on pas bien raifon de rejetter vos
decifions, comme d'un juge incom-
petent fur la *Bibliotheque Raifonnée?*
Mais vous & vos pareils, auriez dû
faire une Reflexion un peu mortifi-
ante pour votre Orgueil à la verité,
mais qui vous auroit épargné la
honte d'une fi impertinente Critique. C'eft que les Tournebroches

& les Palefreniers des Auteurs de la *Bibliotheque Raisonnée*, font plus capables de juger du vrai prix, & du degré d'elegance des Auteurs modernes, que tous le Lycidas paſſez, preſens & à venir. *

· * Damon petit fat en Original, s'imagine que depuis 5. ou 6. ans qu'il écrit, il a trouvé le ſecret de ſe faire un ſtile inimitable. Les productions des autres ſont *dures* & maldigerées, à ſon avis: Il regarde avec un orgueilleux mepris tous les ouvrages qui ne ſortent pas de ſa plume, quoiqu'au jugement de toutes les perſonnes de bon gout, il ſoit incapable de rien faire qui en approche. Lycidas a dit qu'une Traduction de ce Faquin a paru ſi belle

* On n'a preſque fait dans ce Portrait qu'appliquer à Lycidas les traits dont il a crû noircir Juſte Lipſe & Scaliger le Pere, dans un diſcours ſur les Satyres d'Horaçe.

belle à quelques perſonnes, qu'elles l'ont priſe pour un Original. Cet eloge eſt mal appliqué, mais ii n'a pas laiſſé de flatter agréablement l'Amour propre de Damon, qui eſt vain par temperemment. Sa vanité ne ſe borne pas à ſes Ouvrages. Tout, juſqu'à ſon Origine heterolite, & à la naiſſance diſtinguée de ſon Epouſe, contribue à le bouffir d'Orgueil. Sa demarche cadancée le fait reconnoître d'auſſi loin qu'on peut l'appercevoir. Vous le voyez toujours mis comme un petit Abbé de Cour, ou comme un Chanoine qui auroit des Benefices par douzaines. Il eſt donc fort à ſon aiſe? Cela pourroit être, s'il faiſoit ſervir ſa Table moins delicatement qu'un Bourguemaiſtre. Et, preuve que l'Amour propre ſe fourre par tout, c'eſt que Damon ſe vante de cette ſottiſe, comme de quelque choſe d'admirable.

Mi-

* Michée, aiant eſſuyé une petite disgrace, dans une fameuſe ville, dont il n'approche plus que de douze lieuës, tant il a peur d'y trouver ſon ſalaire; Michée, dis-je, eſt venu ſe tranſplanter dans le plus beau village de l'Europe, ou, avec ſa chere famille, il a gouté quelque tems le plaiſir de tromper le tiers & le quart.

Pour diſſiper les ſoupçons que le Souverain avoit juſtement pris de ſa fidelité, il a cru ſe remettre en bonne odeur, en tachant de ſacrifier un homme, dont il ſe diſoit ami, & qu'il croyoit être dans le même cas que lui. Mais n'aiant rien pû découvrir de tout ce qu'il s'etoit imaginé, il s'eſt déclaré ſon Ennemi. Il a publié mille fauſſetez ſur ſon compte. Cependant il n'a trouvé dans toute la ville que deux fourbes comme lui, qui ont ajouté foi à ſes paroles. Enfin, le denouë-ment de la Comedie fait connoître

Mi-

Michée, & l'injustice de ses Calomnies. Son nom se trouve plus
de 20. fois dans une sentence infamante & assurement on n'y fait pas
son Eloge. Diriez-vous pourtant
qu'il s'en glorifie? En verité, il
faut que l'Amour propre se trans-
forme en des figures bien bizarres,
puis que Michée voudroit se faire
honneur dans le monde, d'une
chose qui feroit mourir de chagrin,
tout autre, moins accoutumé que
lui à de pareils affronts. Il court à
la gloire par le chemin de l'infamie.

* Lycidas, Damon & Michée
se sont mis aux gages d'un honnête
homme dont voici le Portrait, dans
l'Epigramme suivante:

Duron frayant avec trois beaux esprits
Tel qu'un Crapaud échapé de la Bourbe;
Vomit sur nous tous les flegmes pouris
De son Esprit lourd & noir comme tourbe.
Puis il grimace un ris sournois & fourbe,
Et semble dire, amis, sçais-je honnir?

Au bel Efprit vais-je pas parvenir ?
Hé ! pauvre fot ! Grenouille ainfi frayante
Au bel Efprit peut non plus parvenir
Qu'on ne devient fripon lorfqu'on te hante.

* Nous avons infinué ailleurs, que le Plaifir eft le grand mobile de nos Actions. Dieu nous en a rendu fufceptibles afin de nous engager à travailler à notre propre confervation. Auffi le Plaifir eft-il la chofe du monde à la quelle nous fommes plus fenfibles, & tout ce qui peut nous en procurer, femble faire veritablement notre bonheur. Le plaifir eft donc un Bien. On ne peut fe refufer à la verité de cette confequence ; mais nne Reflexion facheufe, trifte, accablante, c'eft de penfer que nous ne fommes plus dans cet Etat heureux, ou le plaifir auroit toujours été innocent. Peu s'en faut qu'à prefent, il ne foit toujours criminel, non par lui-même, vû que la nature, ou l'effence des chofes eft incorrupti-ble,

ble, mais par le mauvais ufage que nous en faifons. Et, bien que tout bonheur, même celui des Saints, confifte effentiellement dans le Plaifir , tout plaifir ne conftituē pas le veritable bonheur. Dieu feul, je le dis du plus grand ferieux, peut nous faire gouter des plaifirs parfaits, & nous ne les cherchons point en lui. Dans l'Etat d'innocence, rien ne nous auroit fait plaifir que par raport à Dieu, Pourquoi donc, me direz vous, ne nous y at'il pas laiffé? Taifez vous, curieux. Vous faurez feulement que, corrompus par le peché de notre premier Pere, nous courons après des biens chimeriques. Un avare trouve du plaifir à fe priver de toutes les commoditez de la vie pour accumuler trefors fur trefors. Un ambitieux, à occuper un pofte elevé, après lequel il a couru long-tems, comme

un

un chien de chaffe après le Gi-
bier. Un favant à fe mettre fous
preffe, &c. &c. Mais font-ce là
des plaifirs folides? Un homme de
bon fens, peut-il fixer fon attention fur des objets fi fragiles? L'A-
vare voit enlever fes trefors par des
voleurs. L'ambitieux, eft caffé
aux gages, & privé d'une dignité
qui l'occupoit entierement, & qui
l'empêchoit de pratiquer fes devoirs
d'honnête homme & de Chrêtien.
Le favant mêle parmi quelques
bonnes chofes, cent impertinences
qui le font furvivre long-tems à fa
reputation. Il vouloit immortalifer
fon nom au prix de fon repos & de
fa fanté, mais après avoir blanchi
fur les Livres, il met au jour une
fotte production qui le rend mé-
prifable. La raifon veut qu'on s'abf-
tienne de ces Plaifirs criminels qui
entrainent après eux des pertes
confiderables, de la honte de l'opprobre, des dangers, des chagrins
des

des douleurs,&c. Je voudrois donc, suivant ce Principe que J * * * ne s'enivrat plus, que L. M * * * ne fit plus tord à perſonne, & qu'il ſe contentat d'un ordinaire proportioné à ſon etat; que B * * * ne calomniat plus un homme qui lui a fait tous les biens imaginables, & que s'il n'en vouloit point marquer de reconnoiſſance, il ne fit pas au moins eclater ſon ingratitude dans un Ecrit Public. Ces trois Meſſieurs croïent-ils être heureux en ſe livrant à la volupté? Si c'eſt là leur idée, elle eſt fauſſe & ridicule. Quel plaiſir trouve-t'on à boire ſans regle, ni meſure? Quelle ſatisfaction de ſe voir à tout moment expoſé à mille avanies de la part de ſes Créanciers? Quelle joïe de ſe faire haïr de tout le monde, non ſeulement par l'impieté, mais par des Calomnies infames? Après tout, la volupté eſt ſi ennemie du repos qu'il eſt impoſſible de s'y

livrer

livrer fans devenir miferables &
criminels. Elle bleffe l'ame & le
corps d'un même coup, dit le P.
Senault, * elle affoiblit l'un & cor-
rompt l'autre; ce font des remedes
pires que le mal dont elle nous veut
guerir, fes defordres caufent toujours celui de notre fanté, & fes
excès nous font fi pernicieux qu'il
les faut prendre avec mefure,
pour en recevoir quelque fatisfac-
tion.

* On ne doit point etre furpris
qu'un Auteur en titre d'office,
prenne plaifir à fe voir loué dans
les Journaux Litteraires, & qu'il
ne puiffe fouffrir au contraire qu'on
y parle mal de fes Ouvrages. Les
Journaliftes doivent redouter fa
plume Satyrique s'ils font affez
hardis pour relever fes bevûës. On
auroit beau dire qu'un honnête
homme qui juge d'un Livre, en
doit

* De l'ufage des Paffions VI. Traité, Difc. 1.

doit donner une idée juste, & avec toute la sincerité dont il est capable, pour ne point tromper le Public & ne pas commettre sa Reputation, ce seroient là des raisons inutiles ! Un Auteur veut être loué , & gouter cette volupté d'Ambition & de vaine gloire, á-près laquelle il soupire. C'est flat-ter son ambition que de dire qu'il á fait un Ouvrage excellent.

* Il y a une volupté de haine & de vengeance qui nous fait diré quelquefois.

Puissay-je de mes yeux y voir tomber la foudre,
Voir ces maisons en cendres & tes lauriers en poudre,
Voir le dernier Romain à son dernier soupir
Moy seul en etre cause , & mourir de plaisir.

C'est à peu près ce langage que tenoient hier au Caffé de Roselli, quatre *faquins à Nazardes*, tou-
P   chant

chant un Philofophe dont la fince
rité leur eft infupportable. Dan
ce Caffé, fameux par les avantu
res de l'Italien qui l'a établi,
dont il a confervé le nom, fe ren
dent à certaines heures les Grand
Seigneurs & les beaux efprîts de
la Haye. J'y vis entrer peu de tem
après moi un homme gros & gra
que je pris d'abord, à fon air hypocrite pour un Jefuite travefti.
Un de mes amis qui etoit venu a-
vec moi, me le fit remarquer; &
je lui demandai s'il le connoiffoit.
Parfaitement, me repondit-il du plu
grand ferieux. C'eft un animal dont
le corps eft petri d'eau bourbeufe
& de beurre, & dont l'ame (car il
faut croire qu'il en a une, quelque
peu d'attention qu'il y faffe) a été
detrempée dans fix verres d'abfyn-
the, quatre de vinaigre, trois onces de fiel, fix dragmes de mauvaife foi, trois grains de fourbe-
rie . . . . Voilà, interrompis-
je,

je , une excellente Recette pour
faire un honnête homme ! mais,
Monfieur le Docteur, ce n'eft pas
là ce que je vous demande. Son
nom. Ah! ah! dit-il, c'eft donc
ce que vous voulez fçavoir? apprenez qu'il fe nomme V. D * * * qu'il
eft L * * * de fa profeffion , &
que fa Boutique , ou vous cher-
cheriez inutilement un bon Livre,
n'eft qu'à trois ou quatre portes
de ce Caffé. Pouvez-vous bien
parler ainfi de vos Compatriotes,
repris-je? car cet original fans copie
me paroit étre H * * *. Ne vous en
étonez pas , repondit-il; D * * *
n'eft pas la feule ville du monde
qui peut fe vanter d'avoir vû naître
des fripons, des vindicatifs, des
fcelerats, &c.

Au moment que mon ami pro-
nonçoit ces derniers paroles, nous
vimes entrer J * * *. L. M * * * &
B * * * qui coururent embraffer
V * * * D * * * tour à tour. Je

demandai à mon Docteur s'il com-
prenoit quelque chofe à ce manée-
ge, mais avant qu'il eut le tems
de me repondre, j'en appris plus
que je n'en voulois fçavoir. Ces
quatre perfonnes s'etant raffem-
blées au tour d'une petite table, fe
firent fervir du Chocolat que l'un
d'entr'eux aimoit beaucoup. Ils
tournerent leur Converfation fur
des affaires particulieres, & quoiqu'ils parlaffent myfterieufement, je
compris que les nouveaux venus
etoient des efpeces de fçavans qui
s'etoient prêtez au reffentiment de
V * * * D * * * pour le venger
d'un homme qui lui étoit devenu
odieux pour avoir dit la verité, & qui
n'avoit pû fe refoudre à parler avan-
tageufemene de quelques livres dont
on ne pouvoit dire que du mal. Ils
s'applaudiffoient entr'eux & fe fe-
licitoient de la victoire qu'ils croyoient avoir remportée fur le Philofophe à qui ils vouloient. La volupté

lupté de la haine & de la vengeance étoit peinte sur leurs visages;
mais V * * D * * paroissoit le plus
content. Enfin, ma patience étant
à bout, car vous saurez que je n'en
ai pas plus que de raison, je dis à
mon ami: " Je veux vous regaler
„ d'une excellente piéce de Poësie,
„ par la quelle deux sçavans de ma
„ connoissance, repoussent les at-
„ teintes d'une troupe de marauds
„ qui les dechirent & dans les Caf-
„ fés & ailleurs par des Calomnies
„ les plus indignes. " Je tirai en
même tems de mon Porte-feuille la
Quintessence * du 11. Aout, ou je
lus à haute voix l'Epigramme suivante:

Monstres affreux, de l'Enfer échapez,
Vils imposteurs, ranimez votre rage.
De mille traits en vain vous me frapez
Vos coups ne font qu'echauffer mon courage:

Sur

* C'est une feuille très-curieuse qui s'imprime
deux fois par semaine à Amsterdam chez Uitwerf.

Sur vous un jour retombera l'orage ;
En attendant, je suis deja vangé :
De tels faquins & la haine & l'outrage
Sont un trophée à ma gloire erigé.

Ce fut là un coup de foudr
pour ces Calomniateurs, qui, ſ
reconnoiſſant dans ce Portrait, de
logerent au plus vîte. Je ne ſai
même s'ils payerent leur Chocolat ; du moins est-il certain qu'ils
n'avoient pas l'air fort pecu-
nieux.

¶ *Coribule*, quoi qu'interieure-
ment perſuadé qu'il y a un Dieu,
vit comme s'il n en croyoit rien.
Il tâche d'effacer cette verité de
ſon Eſprit, pour avoir ſes *coudées
franches*, dans la jouiſſance des
plaiſirs criminels auxquels il ſe livre aveuglément. Point de charité,
point de ménagement pour la Reputation du Prochain ; en un mot,
vous ne trouvez rien en lui de tout
ce qui fait le veritable Chrêtien.
Comme s'il n'etoit au monde que
pour

pour lui feul, il prend de tous côtez à crédit, & vit ainfi aux depens du Boulanger, du Boucher,
du Marchand de vin, &c. fans fe
mettre en peine qui payera. Toujours en colere & abbreuvé de fiel,
il ignore la vertu de pardonner, &
il n'epargne rien des qu'il s'agit de
vengeance. Bien loin d'avoir jamais
gouté le plaifir de faire du bien à
quelcun, il ufurpe frauduleufement
ce qui ne lui appartient point. Voilà ce qu'on appelle un Athée de
pratique, & il n'y en a point d'autres.

* Aimer Dieu à la Jefuite, & croire qu'on travaille utilemeut à fon
falut, en pratiquant certaines cere-
monies fort inutiles, c'eft fe tromper groffierement. Ainfi, Corian-
the, apprenez que vous n'accompli-
ffez point le precepte de l'A-
mour de Dieu en affiftant regulie-
rement à la Meffe & à vêpres, ni
vous, impudent Zoïle, en fre-

quendant periodiquement l'Eglife
Wallone, puis que cette Devotion exterieure, ne vous rend ni
meilleurs, ni plus fages, & que malgré toutes ces belles apparences,
vous n'en êtes pas moins calomniateurs, & fcelerats à *triple fagot*.
Pour vous, mignon Alcippe, qui
faites profeffion publique d'irreli-
gion (ce terme ne doit pas être pris
tout à fait en mauvaife part) il
femble que je n'ai rien à vous dire.
Je veux pourtant bien vous avertir que la probité étant le premier
principe du Déïfme, je voudrois
que vous fuffiez un peu plus fage,
& que, par une conduite irrepro-
chable, vous vous fiffiez regarder
comme un vrai Philofophe, deli-
vré de toute fuperftition, & qui a-
dore en Efprit & en verité le Dieu
qui l'a crée. Apprenez de Ciceron *
que

* *Ad Divos adeuntò caffe, pietatem adhiber-
do: qui fecùs faxit, Deus ipfe vindex erit.* Cic. de
leg. l. 2.

que l'on s'approche des Dieux a-
vec un cœur pur: que l'on fe prefente devant eux en efprit de Religion, & que quiconque en ufe-
ra autrement Dieu en fera le ven-
geur.

* Alcippe, Devot à triple eta-
ge, eft muni d'un fcapulaire & de
reliques qu'on dit qui ont la vertu
d'empêcher qu'on ne fe noye, ou
qu'on ne fe pende par un coup de
defefpoir. Il obferve les Carêmes
& les vigiles ; il ne peut fouffrir
qu'un heretique *à fagots* fe mocque de fes Devotions. He! que
n'a-t'on pas à craindre de lui? S'il
ne peut affez fe venger par la medifance, il a recours à la Calomnie. Il faudroit donc le menager
& ne pas dire ouvertement qu'on
le regarde comme la proye du
Diable, en qualité de Normand,
de mauvais chrêtien, &c.

De là je conclus que la fuperftition n'empêche point qu'on ne foit

très-méchant. A peine Coribule,
dit trois mots, fans jurer le nom
de Dieu. Il charge d'imprecations
execrables ceux dont il croit avoir
fujet de fe plaindre. Il parle en
tout tems & en tout lieu de fes pre-
tenduës bonnes fortunes, & il
s'explique là deffus, en termes fi
obfcenes, qu'il faudroit être de la
derniere impudence pour ne pas
rougir, quoique lui-même ne rou-
giffe de rien. C'eft d'ailleurs un
homme qui en prend à toute
mains. Il ment & médit éternelle-
ment. Il trompe tous ceux qui ont
le malheur d'avoir affaire à lui: il
facrifie tout à la vengeance: il fait
des Debauches horribles, & à peine trouve-t'il fur le P * * * affez
d'Autels pour facrifier à Venus la
faloppe, fi non d'effet, du moins
de cœur & d'affection, perfuadé
que la Déeffe aura toujours pour
agréables fes foibles & impuiffans
efforts. On peut le comparer à la
Rei-

Reine Marguerite, fille de Cathe-
rine de Medicis, qu'on nous a de-
peint comme un monstrueux assor-
timent de vertus exterieures & de
vices réels. „ Ce fut au faux-bourg
„ St. Germain, dit Mezeray par-
„ lant de cette Princesse, qu'elle
„ tint sa petite Cour le reste de ses
„ jours, melant bisarrement les vo-
„ luptez & la Devotion, l'amour
„ des Lettres & celui de la vanité,
„ la charité Chrêtienne & l'injusti-
„ ce ; car comme elle se piquoit
„ d'etre vuë souvent à l'Eglise,
„ d'entretenir des hommes savants,
„ & de donner la dixme de ses
„ revenus aux Moines, elle faisoit
„ gloire d'avoir toujours quelque
„ galanterie, d'inventer de nou-
„ veaux divertissemens, & NB.
„ *de ne payer jamais ses dettes.*
 * A la honte des Chrêtiens,
nous trouvons, en feuilletant les
vieux livres, que les Payens nous
surpassoient de cent Piques en ten-
dres-

dreſſe, en humanité, & en Amour
pour le Prochain. Toutes les Sec-
tes des Philoſophes ſe ſont réunies
ſur cet article. Platon le Divin ou
le Diabolique, mettoit entre les
principales perfections celle d'aimer
les hommes, & cette opinion lui
étoit commune avec les Philoſophes *Ambulants*, ou Peripathe-
ticiens.

* L'Amour que nous devons a-
voir pour le Prochain, nous engage
à bien plus qu'à ne le pas hair, & je
defie les Moraliſtes les plus rela-
chez, Mrs. les Jeſuites, de conteſter mes principes ſur ce ſujet.
Nous devons procurer aux autres
toutes les commoditez que nous
récherchons pour nous mêmes, &
leur faire tout le bien dont nous
ſommes capables. Le Paganiſme eſt
en cela du plus parfait accord avec le
Chriſtianiſme. Un Simplicius, ido-
latre *Brulable*, nous dit que l'honnête homme doit faire du bien à
tout

tout le monde. Un Marc Antonin nous apprend que la nature humaine exige de nous que nous ayons soin de tous les hommes. Mais voici quelque chose de plus. Un ancien Poëte Grec, quoique la *Penaille* Poëtique ne vaille pas grand argent, s'explique presque dans les mêmes termes de l'Ecriture*. C'est Phocilide, si ma memoire ne me trompe qui dit : ,, Donnez retraite ,, à ceux qui n'ont point de cou- ,, vert. Conduisez les aveugles. ,, Ayez pitié de ceux qui ont fait ,, neufrage, car la navigation est pe- rilleuse & difficile. Tendez la main ,, à ceux qui sont tombez secou- ,, rez ceux qui n'ont personne au- ,, près deux qui puisse les tirer du ,, danger ou ils se trouvent ..... ,, si une Bête, fut-elle à votre En- ,, nemi, est tombeé sur votre che- min,

* V. *Exod.* XXIII. 4. & *Deuteron.* XXII. I. &c.

„ min, relevez la. Ne vous dé-
„ tournez point pour éviter de
„ rendre fervice à une perfonne
„ qui s'eſt égarée, ou qui eſt bat-
„ tuë d'une furieuſe tempête. *C'eſt*
„ *ainſi que* Dieu qui nous a fait
„ mortels, veut que nous nous af-
„ ſiſtions* les uns les autres¹, &
„ que par ces fecours mutuels cha-
„ cun tache de detourner de deſſus
„ la tête d'autrui , les malheurs
„ qu'il aprehende pour lui-même.
„ Et ce n'eſt pas tant affection ou
„ reſpect pour ceux à qui l'on rend
„ de Pareils offices , que crainte

pre-

---

* *Voluit nos ille mortalium artifex Deus in commune ſuccurere, & per mutuas auxiliorum vices in altero quemque quod pro ſe timeret aſſerere. Nondum hac caritas eſt, nec perſonis impenſa reverentia, ſed ſimilium accidentium providi metus, & communium fortuitorum religioſus horror. In aliena fame ſui quiſque miſeretur. Sic cibus obſidio partitur, ſic inopiam pariter navigantium frequenter unius alimenta paverunt. Hinc & ille venit affectus, quod ignotis cadaveribus humum congerimus, & inſepultum quodlibet corpus nulla feſtinatio tam rapida tranſcurrit, ut non quantulacumque veneretur ageſtu.* Quintil. *Declam.* V.

,, prevoïante de semblables accidens
,, & frayeur Religieuse des revers
,, de la Fortune, auxquels nous
,, sommes tous sujets; en un mot
,, ce sont tous sentimens interessez.
,, Dans la disette† d'autrui, cha-
,, cun a pour ainsi dire, compassion
,, de lui-même. C'est ainsi que pen-
,, dant un siege, on partage ses
,, provisions avec les autres Assie-
,, gez ; & que quand les vivres
,, viennent à manquer sur Mer,
,, une seule personne en fournit sou-
,, vent à tous ceux qui sont dans
,, le vaisseau. De là vient encore
,, ce mouvement de compassion
,, qui porte à ensevelir les corps
,, morts que l'on trouve, & à jet-
,, ter du moins dessus quelques
,, poignées de terre, si pressé que
,, l'on soit de continuer sa route.

* Il

† C'est ce qui est bien exprimé par cet ancien vers:

Homo qui in homine calamitoso est misericors
reminit sui.

* Il y á bien peu de personnes qui
fassent attention aux paroles re-
marquables d'un Ancien †. *Je ne
pense pas*, disoit-il, *qu'il soit d'un
honnête homme de vouloir qu'on lui
ait Obligation, quand il n'a rien
fait qui le merite.*

* Franchement, l'ingratitude est
un vice fort rare ; car il y a très-
peu de personnes qui rendent des
services assez essentiels, pour faire des
ingrats ; ou qui ne diminuent, par
des reproches, le prix de leurs bienfaits. Quand on voit le monde, on
n'entend que plaintes sur l'ingratitude, mais doit-on croire les gens sur
leur parole ? nullement.   Dorillas
dit par tout que Cariste devroit
lui avoir de grandes obligations. Il
l'a reçu chez lui; il l'a admis à sa
table

† Ego, Charine, neutiquam officium liberi
esse hominis puto.
Cum is nihil promereat, postulare id gratiæ
apponi sibi.
Terence. *Adr.* Act. II. Scen. I. v. 33. & 34.

table : il etoit dans le deffein de
lui rendre fervice en toutes Occafions, & de faire tout fon poffible
pour le mettre en état de vivre auffi honnorablement qu'un Auteur
peut le faire. Que n'auroit-il pas
ait pour ce Jeune etourdi, fi, par
fon ingratitude, il ne s'étoit rendu
abfolument indigne de fon attention? Doucement, Dorillas. Ne
vous échauffez point. Ecoutez
les raifons de Carifte qui vous parle par ma plume. Il avoüe que
vous l'avez reçu chez vous, mais
il dit qu'il n'étoit pas fur le pavé.
Vous l'avez nourri, il en convient,
mais il a travaillé pour vous, &, loin
de le payer, vous ne lui en avez
pas temoigné la moindre reconnoiffance, quoique vous lui euffiez
fait de grandes promeffes. N'eft-il
pas vrai qu'outre les Extraits auxquels il s'occupoit pour votre gros
& grand Ouvrage, vous lui aviez
promis de le guider dans la com-
Q pofi-

poſition de *quelque choſe de Joli*
dont il auroit & l'honneur & le
profit ? A quelques jours de là, n
lui dites-vous pas d'un air empreſ.
ſé , que pour lui temoigner vo
bonnes intentions , vous voulie
l'occuper à une Collection d'Epi-
grammes, tradutes ou imitées de
Martial ? Vous ajoutâtes que ce
n'etoit pas là la ſeule recompenſe
qu'il devoit attendre de vous, &
que quand vos affaires ſeroient en
meilleur état, vous lui donneriez
des marques de votre reconnoiſſan.
ce. Il eſt vrai que vous ne vous
engagiez pas beaucoup , car vous
étiez alors dans une très-maigre ſituation; &, ſoit dit par parenthe-
ſe, je ne crois pas que vous ſoyez
encore beaucoup remplumé. Mais,
Cariſte comptant ſur le preſent,
commença ſon Recueil. Lors qu'il
fut fini , il vous le communiqua.
Vous le trouvates alors ſi peu *In-
forme*, que vous le *Voiturates* chez
tous

ous les Libraires de....... mais
pas un ne put, ou ne voulut l'imprimer. Dans la fuite, vous avez
voulu vous approprier ce Recueil,
& quand vous avez-vû qu'il étoit
annoncé dans les Gazettes, fous
le nom de Carifte, vous avez pouf-
fé l'impudence jufqu'à dire qu'on
vous l'avoit volé. Telle a été votre conduite à l'egard du Jeune
homme que vous accufez d'ingratitude. Dites après cela que vous
n'avez pas merité de l'avoir pour
Ennemi? Vous ne devez attribuer
qu'à votre mauvaife foi fon re-
froidiffement à votre égard. Le
revers de fortune qui vous à rendu invifible pendant quelques jours,
n'y a pas la moindre part. Il n'a
pas l'ame affez lâche, ni les inclinations affez rempantes pour meprifer dans l'adverfité, ceux qu'il
a aimé dans d'autres circonftances.
Si Dorillas étoit honnête homme,

Q 2 riche

riche ou pauvre, il feroit l'ami de Carifte.

* Oh! vraiement je me fuis bien trompé dans mon Calcul: je croyois finir ici mes Reflexions fur l'ingratitude, mais voici une Lettre qu'on me prie d'y Joindre.

Monfieur le Moralifte.

„ JE m'adreffe à vous pour la de-
„ cifion d'un cas qui boulever-
„ fe toute l'œconomie de ma pe-
„ tite machine fpirituelle. J'ap-
„ prens que Blorinde, hardi & fade
„ cenfeur, me fait paffer dans
„ le monde pour un ingrat. Voi-
„ ci ce qui a donné lieu à cette o-
„ dieufe accufation. Imaginez-
„ vous, qu'il s'agit entre nous de
„ la traduction d'un ouvrage La-
„ tin, par exemple du *Leviathan*
„ *de Hobbes.* Après avoir fait no-
„ tre accord à tant par feuilles,
„ j'ai travaillé à cet ouvrage. J'en
avois

„ avois traduit deux ou trois feuil-
„ les, lorfque Blorinde me pria
„ de lui remettre l'original, difant
„ qu'il me le rendroit dans fept ou
„ huit jours. Ce terme étant expi-
„ ré, j'allai chez B * * qui me fit
„ dire honnêtement à la porte
„ qu'il n'étoit pas au logis. Cette
„ Scene aiant été réïterée plufieurs
„ fois, j'ecrivis une Lettre fort vi-
„ ve à Blorinde, & depuis ce
„ tems-là, ce fat en trois lettres,
„ m'accomode de toutes piéces,
„ & me peint des plus noires cou-
„ leurs. Dites moi, Je vous prie,
„ fi je fuis ingrat, &c. ”

PHILEMON.

Tranquillifez-vous, Philemon;
fi le fait eft tel que vous le rapor-
tez, votre confcience eft en bon
état; & pour vous dire tout naturellement ce que j'en penfe, je
crains bien que ceux qui liront votre Lettre, ne difent de Blorinde,

ce que Boileau diſoit du fameux Rollet :

> J'appelle un Chat un Chat, & B * * * un
> fripon.

* La pieté, non plus que toute autre vertu ne conſiſte point en de vains dehors ; & le culte que nous devons à Dieu, eſt un culte plein de reſpect, un culte bon & ſaint, qui exige beaucoup d'innocence & de pieté, avec une inviolable pureté de cœur & de bouche.

Mais ce qu'on appelle aujourd'hui *Devotion*, qui eſt, dit-on, une ſuite neceſſaire de l'Amour de Dieu, eſt une ſuperſtition toute pure. Bien loin qu'elle ait le moindre raport à une pieté mâle, ferme & conſtante, rien n'y eſt plus contraire. Un ancien reconnoit * que
la

---

* *Religentem eſſe oportet Religioſum neſas.* Aulugelle l. IV. c. 9.

la superstition est un crime, & un
autre nous la fait envisager comme plus criminelle que l'Atheis-
me.

* L'Amour de Dieu est le devoir le plus essentiel, & le plus in-
dispensable du Christianisme. Il ne
faut pour s'en convaincre, que savoir lire & ouvrir les Livres sacrez.
A l'aide du sens commun , on y
trouvera à chaque page cette verité
solidement établie. Deux motifs entr'autres doivent nous engager à
faire à Dieu un entier sacrifice de
nôtre cœur & de toutes nos facul-
tez. Le 1. est fondé sur ce que
nous lui devons tout, & le 2. sur
ce que nous devons tout attendre
de lui: motifs qui nous obligent à
l'aimer & d'amour de bienvueillance, & d'Amour de concupiscence.
La Reconnoissance que nous devons avoir pour toutes ses bontez à
nôtre egard, ne nous engage-t'elle
pas à souhaiter qu'il soit glorifié,

& à y travailler même autant que nous le pourrons ? Ne devons nous pas souhaiter que sa volonté soit faite & par nous-mêmes, & par tout le reste du genre humain? Ne devons nous pas être ravis qu'il possede autant de gloire & autant de perfections qu'il en a? Tels sont du moins les sentimens de tous les veritables Enfans de Dieu. Or, c'est justement en cela que consiste l'Amour de bienvueillance.

J'ajoute que l'homme peut & doit avoir pour Dieu l'amour de *concupiscence*; c'est à dire, suivant mes solides & magnifiques idées, qu'on doit se souhaiter à soi-même & aux autres, la possession de cet Etre infini, qui nous commande, nous ordonne & nous enjoint expressement, de l'Aimer de tout notre cœur, de toute notre ame & de toutes nos forces *.

L'o-

* Deut. 6. 4.

* L'obligation d'aimer Dieu eſt ſi conforme aux lumieres de la Raiſon, qu'elle a été connuë des Païens mêmes : car, ſans parler de ceux qui, prêchant les bienfaits de la Divinité, ſoutenoient par une conſéquence neceſſaire, la verité que nous venons d'etablir, combien n'y a t'il pas eu de Philoſophes qui ont declaré expreſſement qu'il faut aimer Dieu? Seneque vouloit que les maîtres traitaſſent humainement leurs Eſclaves, & s'en fiſſent aimer plutot que de chercher à s'en faire craindre, de même que Dieu exige de nous plus d'Amour que de crainte. * *Je crains les Dieux*, diſoit l'Empereur Julien, *je les ai-*

me,

* *Quare non eſt quod faſtidioſi te deterreant, quominus ſervis tuis, hilarem te præſtes, & non ſuperbè ſuperbiorem : colant potiùs te, quam timeant : itane, inquit, prorſus colant tanquam clientes, tanquam ſalvatores, hoc qui dixerit, obliviſcetur id Dominus, parum eſſe quod Deo ſatis eſt, qui colitur & amatur. Senec. Epiſt.*

me, *je les respecte comme de bons maîtres & de bons Peres.*

* La volupté est la Passion la plus generale que l'on connoisse, puis qu'elle est celle de l'un & de l'autre Sexe, des Jeunes & des vieux, des Grands & des petits, des savans & des ignorans. Elle est d'ailleurs très forte, puis qu'elle triomphe de toutes les autres passions. L'histoire sacrée & prophane nous en fournit mille preuves. Et pour faire ici un petit étalage de Litterature, Alexandre, dit le Grand, l'homme le plus ambitieux qui fut jamais, & vainqueur de presque tout l'Univers, ne fut-il pas vaincu lui-même par la volupté? Hercule après avoir vaincu je ne sais combien de monstres, n'apprit-il pas à filer pour faire sa Cour à Omphale? Parcourons l'histoire Sacrée. A quels excès la volupté ne porta-t'elle pas Samson, David & Salomon, ce mignon de la sagesse? Elle

Elle fit perdre la vie au premier, elle fit commettre au fecond deux crimes horribles, & jeta le troifiéme dans l'Idolatrie. Tant il eft malaifé à ceux là mêmes qui font ce qu'il y a de plus difficile, & qui femblent triompher de tout, de refifter au funefte pouvoir du plaifir.

* Avouons de bonne grace, qu'un Athée, qui, par fes habitudes criminelles, feroit venu à bout d'étouffer les remords de fa Confcience, & qui ne craindroit rien du coté des hommes, avouons, dis-je, qu'un genie de cette trempe, pourroit être le plus grand fcelerat que la terre eut porté. Peutêtre regarderoit-il fes defirs comme fa derniere fin, & comme la feule regle de toutes fes actions. Il fe mocqueroit de ce qu'on appelle *vertu & honnêteté*, & il ne fuivroit, felon toutes apparences, que les mouvemens de fa convoitife.

tife. Il ne manqueroit pas de se dé-
faire de tous ceux qu'il haïroit. Il
feroit de faux fermens pour la moindre chofe ; en un mot, il n'y a
point de crime qu'on ne dût attendre de lui. Un autre qui n'auroit
rien à craindre de la part des hommes, pourroit être du moins rete-
nu par la crainte des Dieux. * C'eft
par là qu'on a tenu de tout tems
en bride les paffions des hommes:
& il eft fûr qu'on a prevenu quantité de crimes dans le Paganifme,
par le foin qu'on avoit de confer-
ver la memoire de toutes les puni-
tions éclatantes des fcelerats ,   de
les attribuer à leur impieté, &
d'en fuppofer même quelques exemples, comme étoit celui qu'on de-
bita du tems d'Augufte à l'occafion
d'un † Temple d'Afie, pillé par les
Sol-

---

* *Si genus humanum & mortalia temnitis arma*
At fperate Deos memores, fandi atque nefandi.
                          Virgil. Æneid. l. 1.
† Balzac entret. 34. c. 3.

Soldats de Marc-Antoine. On difoit que celui qui avoit mis le premier la main fur l'image de la Déeffe qui étoit adorée dans ce Temple,
avoit perdu la vuë fubitement, &
étoit devenu Paralytique de toutes
les parties de fon corps. Augufte
voulant éclaircir le fait, apprit
d'un vieux Officier qui avoit fait
le coup, non feulement qu'il s'é-
toit toujours bien porté depuis ce
tems-là, mais auffi que cette action
l'avoit mis à fon aife pour toute fa
vie. Tel étoit encore ce qu'on de-
bitoit de ceux qui avoient la teme-
rité d'entrer, malgré la defenfe qui
en étoit faite, dans un Temple d'Ar-
cadie confacré à Jupiter ; c'eft que
leur corps ne faifoit plus d'ombre
après cette action*. Apparemment
l'hiftoire de la mort fubite de cet
Envoïé des Latins, qui avoit parlé peu refpectueufement de Jupiter
des

des Romains en plein fenat, fur la quelle Tite Live * n'ofe rien avancer de pofitif; à caufe qu'il voyoit que les auteurs étoient partagez là-deffus, eft une femblable fraude pieufe. † Mais s'il y avoit des Athées, qui euffent affoupi leur confcience, & éteint les lumieres de la raifon, tout cela ne pourroit faire aucune impreffion fur eux; delorte que, s'ils étoient en même tems au deffus de la crainte des loix, ils feroient neceffairement les plus grands & les plus incorrigibles fcelerats de l'Univers. Heureufement, la fuppofition ne peut avoir lieu, car fans compter qu'il n'y a point d'Athées, tous les Etats ont leurs loix, & partout on punit rigoureufement les crimes.

Bien

---

* *nam & vera effe, & aptè ad repræfentandam iram Deûm ficta, poffunt.* Tit. Liv. Decad. 1. l. 8.
† V. Bayle, *penfées diverfes* to. 1.

*Bien plus. Je fuis d'opinion, qu'il eſt impoſſible de détruire entierement les idées qui nous aprennent à diſtinguer le vice de la vertu. J'avoüe pourtant que ces premieres *Notions* étant deja fort obſcurcies par le Peché d'Adam, il eſt très facile à des gens qui veulent faire profeſſion de debauche, de les obſcurcir encore d'avantage. Au lieu que nous ne pouvous les rendre claires & lumineuſes, ſans qu'il nous en coûte des peines infinies. Il faut mediter inceſſamment ſur ſes devoirs, tâcher de ne point contracter de mauvaiſes habitudes, & ſur tout, lire ſouvent l'Ecriture Sainte; car elle *eſt une lampe à nos pieds, & une lumiere à nos ſentiers**. C'eſt un remede univerſel, & applicable à tous nos maux. D'où vient que St. Baſile a dit que

la

la meditation des Divines Ecritures
eft la voïe la plus commune & la
plus uſitée que l'homme puiſſe ſuivre, pour découvrir ſes devoirs. Outre qu'on y trouve des preceptes
qui nous obligent à faire certaines
actions, on y voit une defcription
vive & pour ainfi dire animée de
la conduite qu'ont teuuë de faints
perſonnages, ce qui peut mieux
que toute autre chofe, nous porter
à imiter leurs bonne œuvres *. Le
même Docteur fait beaucoup valoir
les prerogatives & l'utilité de l'E-
rudition & du fçavoir. L'ame
fans ces fecours, n'eſt guere propre
à la vertu, de même qu'un champ
en

* *Via ampliſſima ad invenienda officia eſt me-
ditatio ſcripturarum divinitùs inſpiratarum. In
his enim præterquam quòd actionum præcepta in-
veniuntur, etiam vitæ ſanctorum ac beatorum hominum præſcripta ac tradita, quaſi imagines quædam vivæ, & ſpirantes converſationis vitæque ſe-
cundùm Dei voluntatem inſtituendæ, imitatione
bonorum operum, propoſita ſunt. Baſil. ad Gregor.
Theol. Epiſt. 1.*

en friche & qui n'est pas arrosé,
ne peut ni nourrir, ni donner l'ac-
croissement à la semence qu'il renferme dans son sein.

* Ainsi, quoique tout homme à
Reflexions connoisse, ou soit en
état de connoître ses devoirs, il est
toujours utile, de les lui remettre
à toute heure devant les yeux. Il
y a très-peu de personnes qui con-
sultent les lumiéres de la raison,
ou qui cherchent dans l'Ecriture à
connoître la volonté de Dieu. Ceux
même qui le font, y apportent
d'ordinaire certains prejugez qui
rendent toutes leurs Recherches
inutiles.

* Que croiroit-on que les Païens
exigeoient de ceux qu'ils recevoient
liberalement chez eux, & qu'ils
combloient de bienfaits? Rien autre chose que de la reconnoissance.
Quelle generosité! Ou trouveroit-
on aujourd'hui de pareilles gens?
Je ne sache qu'un homme au mon-

de qui fasse du bien, par le seul
plaisir de tirer un homme de la
misere. Cela est si vrai, que quoiqu'il ait été souvent payé d'ingratitude, il est toujours prêt à obliger le premier venu. Il se sacrifie,
pour rendre service, à un homme
qui se trouve dans l'embarras.
Chrysiphon, sorti de son couvent
pour un Commerce de galanterie,
se refugie dans un Païs Protestant,
où, ne sachant que faire, il abjure
sa Religion, & endosse la Reforme de Calvin. Mais comme on fut
aussitôt las de cet animal que de
tous ses semblables, il se vit reduit
à la dure nécessité d'implorer le secours des bonnes Ames. Malgré
son exterieur hypocrite, personne
ne fit cas de lui; & enfin il s'avi-
sa, dans cet *abandon* general, d'ex-
poser *archi-pathetiquement* sa misere à nôtre Philosophe. Il en fut
bien reçu, & après avoir demeuré
quatre ans chez lui, le premier
pas

pas qu'il fit vers l'ingratitude, ce
fut d'en . . . . fer fa fervante. Et
quelques années après, il publia un
infame libelle contre fon bien-fai-
teur. Quelle damnable lacheté!
Un homme qui fe fait gloire d'être
Philofophe, peut-il agir d'une maniere fi oppofée à la loi naturelle?
Les feules lumieres du bon fens, &
de la raifon, nous prefcrivent la
reconnoiffance. Bien plus. Elles
nous apprennent que nous ne devons jamais recevoir aucun bien-
fait, que nous ne foyons dans l'intention de faire tout nôtre poffible,
pour empêcher que le bienfaiteur
n'ait lieu de fe repentir de ce qu'il
a fait pour nous. Si nous ne fommes pas dans cette difpofition, il
faut refufer tous les fervices qu'on
veut nous rendre. Car, felon la
Judicieufe remarque de Ciceron *,
il

* *Nullum enim officium referendâ gratiâ magis
neceffarium eft. Quod fi ea, qua utenda acceperis,
majora menfura, fi modo poffis, Jubet reddere*
Hefio-

il n'y a point de devoir plus indif-
penfable que de faire du bien à
ceux de qui on en a reçu. Que fi
le Poëte Hefiode veut que ceux
qui ont emprunté quelque chofe,
le rendent, s'il eft poffible, avec
ufure ; que ne devons nous pas faire pour temoigner nôtre reconnoiffance à ceux qui nous ont prevenu
par leurs bienfaits ? Ne devons
nous pas imiter ces terres fertiles,
qui raportent beaucoup plus qu'elles n'ont reçu. Si nous rendons
volontiers fervice à ceux de qui
nous efperons quelque bien, avec
quel empreffement ne fommes nous
pas obligez de nous employer en
faveur

Hefiodus : quid nam beneficio provocati facere de-
bemus ? An imitari agros fertiles, qui multò plus
efferunt, quam acceperunt ? Et enim fi in eos,
quos fperamus nobis profuturos, non dubitamus
officia conferre : quales in eos effe debemus, qui
jam profuerunt ? nam cum duo genera liberalitatis
fint, unum dandi beneficij, alterum reddendi:
demus, nec ne, in noftra poteftate eft : non redde-
re viro bono non licet, modo id facere poffit five in-
juriá. De Offic. l. 1. c. 15.

aveur de ceux qui nous en ont de-
a fait ? il y a deux fortes de Libe-
alitez, dont l'une confifte à faire
du bien par pure generofité, &
l'autre à en faire par reconnoiffance. La premiere depend de nôtre
bon plaifir, mais l'autre eft un devoir dont un homme de bien ne
fauroit fe difpenfer, du moment
qu'il peut s'en acquiter fans faire
tord à perfonne. Sur quoi il faut remarquer que Ciceron renferme la
Reconnoiffance dans l'idée de la
Liberalité, par ce que, dit Puffendorff *, ni l'une, ni l'autre de ces
deux vertus ne fuit point des regles
aufli fixes, que celles de la juftice, qui ordonne de rendre precife-
ment ce que l'on doit par Con-
tract.

    * Chez les anciens, comme chez
les modernes, tous les honnêtes
                  gens

* Droit de la nature & des gens liv. III.
ch. III.

gens ont eu horreur de l'ingratitu
de , & on l'a toujours regardé
comme un vice propre aux gen
brutaux & fottement orgueilleux
qui croïent que tout leur eft dû
ou aux ftupides qui ne font aucune
reflexion fur les bienfaits , qu'ils re-
çoivent, ou aux ames baffes, qui
fentant leur foibleffe, & leur indigence , implorent humblement le
fecours d'autrui , mais après l'avoir
obtenu , haïffent leur bienfaiteur,
par ce que n'aiant pas la volonté
de rendre la pareille, ou defefpe-
rant de le pouvoir faire , fe figurent tout le monde auffi intereffé
& auffi mercenaires qu'eux , enforte , que , felon leur opinion,
perfonne ne fait du bien que dans
l'efperance d'en recevoir à fon tour,
ils croïent avoir été la Duppe de
ceux qui leur ont rendu fervice. *

Sene.

---

* Defcartes *des paffons*; Artic. CXCIV.

* Seneque dit hardiment, que
l'hommicide, la Tyrannie, le lar-
cin, l'Adultere, le rapt, les facri-
leges, la trahifon & en un mot
tous les plus grands crimes viennent de l'ingratitude *. Ce Philofophe raconte enfuite la maniere
finguliere dont le Roi Philippe
punit un Ingrat. Un Soldat avoit
fait naufrage, & aiant eté bien
reçu par un Macedonien, auprès
de la maifon duquel il avoit eté
jetté par la violence des flots,
quoiqu'il n'en fut pas connu, te-
moigna en être fort reconnoiffant.
Cependant il alla faluer le Roi auquel il étoit recommandable par fa
bravoure. Il lui conta l'accident
qui lui étoit arrivé, & demanda
pour

---

* *Erunt homicidæ, tyranni, fures, adulteri,*
raptores, facrilegi, proditores, infrà ifta omnia
ingratus eft, nifi quod omnia ifta ab ingrato animo
funt, fine quo vix ullum magnum facinus accrevit,
hoc tu Cave. tanquam maximum crimen ne ad-
mittas. Senec. *de benef.* l. 1. c. 10.

pour dedommagement de la perte qu'il avoit soufferte, le bien de son Hôte, dont il taisoit les bons offices qu'il en avoit reçu. Philippe lui accorda sa demande. L'hôte surpris & irrité, écrivit très-librement au Roi, & lui manda tout ce qu'il avoit fait pour le Soldat. Le Prince, à la lecture de cette Lettre, entra dans une colere très-vive. Il ordonna que l'ancien maître reprendroit son bien, & qu'on marqueroit sur le front du Soldat le crime qu'il avoit commis.

* On doit laisser aux hommes la Liberté de croire ce qu'ils veulent, & de professer la Religion qui leur semble la meilleure. Dieu seul étant maître de nos Consciences, c'est empiéter sur ses droits que de donner atteinte à cette liberté. C'est à Dieu à voir si nos erreurs viennent de quelque mauvais principe. Il n'y a que lui, à qui on

soit

foit obligé d'en rendre compte,
comme il n'y a que lui qui puiſſe
juger de la droiture ou de l'obliqui-
té de nos intentions.

* Cependant, on ne doit point
inferer de ce Principe, qu'on doive
tolerer dans une même Societé Ec-
clefiaſtique *toutes fortes de fectes
& de Religions.* J'ai feulement
voulu dire qu'il n'eſt point permis
de les perſecuter, ni d'exclure le-
gerement de nôtre corps ceux qui
ne feroient pas de nôtre ſentimeut.
„ C'eſt ce que la modeſtie, la
„ Charité Chrêtienne, & le bien
„ de la Paix demandent également
„ La fimple Communion qu'on en-
„ tretient avec quelqu'un, n'eſt
„ nullement une marque qu'on ap-
„ prouve ſes ſentimens. On temoi-
„ gne par là feulement qu'on ne
„ les regarde pas comme dange-
„ reux pour le falut: & y a-t'il,
„ rien ou l'on doive être plus re-
„ ſervé, qu'à porter un jugement

„ contraire; fur tout s'il ne s'agit,
„ comme il arrive fouvent que de
„ matieres de pure fpeculation, ou
„ d'Opinions que l'on croit fujet-
„ tes à de mauvaifes confequen-
„ ces, mais que les Partifans de
„ ces Opinions ne reconnoiffent
„ ni en elles mêmes, ni comme
„ fuivant de leurs Principes? Crai-
„ gnons d'empièter fur les Droits
„ de Dieu, & de faire tord à fa
„ bonté & à fa fageffe, toutes les
„ fois qu'il s'agit d'exclurre du fa-
„ lut, autant qu'en nous eft, des
„ gens que nous excluons de nô-
„ tre focieté, pour des erreurs qui
„ nous paroiffent damnables, mais
„ qu'il n'y a que Dieu qui puiffe
„ favoir certainement fi elles le
„ font. Il eft d'ailleurs fort à crain-
„ dre que de telles condamnations
„ ne foient fecretement fuggerées
„ par un tout autre principe, que
„ par la crainte des mauvais effets
„ de l'Opinion qu'on profcrit. La
haine

„ haine pour les perſonnes ſe me-
„ le aiſément à l'horreur qu'on a
„ de leurs ſentimens. Et l'attache-
„ ment qu'on a aux ſiens propres,
„ inſpire aiſément cette horreur
„ pour ceux d'autrui. Il empêche
„ du moins qu'on ne voie, ou
„ qu'on ne vueille voir les inter-
„ pretations favorables, que peu-
„ vent recevoir des opinions, qui
„ d'ailleurs paroiſſent fauſſes, ou
„ le font effectivement. C'eſt un
„ abus de s'imaginer que la plus
„ ferme perſuaſion ou l'on eſt ſoi-
„ même, & la plus grande Evi-
„ dence qui nous frappe, ſoit in-
„ compatible avec des ſentimens
„ de modeſtie, & de charité, par
„ raport à ceux qu'on croit être
„ dans l'erreur. Quand on voit ſur
„ tout que des opinions qu'on ju-
„ ge dangereuſes, n'ont aucune
„ influence ſur la conduite de ceux
„ qui les profeſſent, qu'ils font
„ autant ou plus exacts à remplir

les

„ les devoirs de la vertu & de la
„ pieté, que les plus zelez pour le
„ fentiment contraire; qu'elle re-
„ pugnance ne doit-on pas avoir à
„ temoigner le moins du monde
„ que l'on regarde comme exclus
„ du falut, ou en danger de l'être,
„ des gens en qui l'on voit briller
„ les marques les moins équivo-
„ ques d'une difpofition falutaire.*"
Cela étant, que doit-on penfer du
finode de * * * * qui a condamné fi
feverement les Arminiens? Quelles étoient leurs erreurs, pour être
traités avec fi peu de menagement?
Et qu'y a-t'on gagué? On a mul-
tiplié le nombre des Partifans de
cette Secte, enforte que les Acade-
mies de Geneve, de Laufanne, &
bien d'autres, font aujourd'hui remplies de Remontrants. Bien plus.
On préche publiquement dans ces
Eglifes l'univerfalité de la Grace,
&

* Barbeyrac Traité de la morale de Peres.
Ch. XII. §. 24.

& c'eſt aujourd'hui le ſiſtème des Theologiens & du Peuple. Cela eſt ſi vrai qu'étant à Geneve en 1727. un Jeune Miniſtre, nommé Mr. Deroches, prêcha cette Doctrine dans l'Egliſe de St. Pierre. J'en fus ſcandaliſé, & je refutai ſon Sermon par une Lettre en forme de Dialogue : il me fut impoſſible de faire imprimer ce petit ouvrage, & en aiant ſemé quelques copies manuſcrites, je m'apperçus bien-tôt que j'avois revolté contre moi mes meilleurs amis, gens qui, pour la plupart, n'entendoient point la matiere. A Lauzanne, outre tout ce qui s'y eſt paſſé au ſujet du *Conſenſus,* le Conſeil de Berne a été obligé d'y mettre depuis peu un nouveau Profeſſeur, très-honnête homme, & Zelé Ortodoxe, pour s'oppoſer aux progrez de l'Arminianiſme, mais ſes ſoins ne réuſſiſſent guere. Or, je ſoutiens que la Secte d'Arminius n'eſt devenuë ſi nombreuſe, que

par

par la rigueur des Canons du sino-
de de * * * Moins de severi-
té, auroit été plus conforme à l'Esprit de l'Evangile, & plus convenable à des gens qui déclament fort
& ferme contre les Decrets du Cou-
cile de Trente. " Ce qu'il y a au
„ moins de certain, c'est que, si
„ l'on s'est fait une Loi de ne pas
„ souffrir dans la societé Ecclesiaf-
„ tique de certaines opinions
„ qu'on croit dangereufes pour le
„ salut, on n'a ici encore d'autre
„ droit, que de déclarer paisible-
„ ment à ceux qui les soutiennent
„ & qui y persistent, que n'aïant
„ pas les Qnalitez requises dans
„ les membres d'un tel corps, on
„ ne peut plus les regarder comme
„ tels: de même qu'on en ufe dans
„ toutes les autres Societez con-
„ tractées volontairement, & fous
„ certaines conditions. Du reste,
„ on ne peut legitimement ufer en-
„ vers eux de la moindre vexa-
tion

„ tion. * „ Il feroit à fouhaiter que Calvin eut été imbu de ce Principe, & qu'il n'eut pas fait à fa memoire une tâche ineffaçable en faifant bruler Servet le 27. Octobre 1553, Quoiqu'aient pû dire certains Auteurs pour Juſtifier ce favant & Zélé Reformateur, fi l'on examine le fait fans prevention, je m'affure que l'on avouera, fans difficulté que ce n'eſt pas là le plus bel endroit de fa vie.

* Je dois parler maintenant de la *Tolerance Civile.* Elle confiſte à l'aiffer dans un Etat la liberté de confcience à ceux qui ne font pas de la Religion dominante, ou qui s'en font feparez, ou en ont été exclus pour quelques opinions particulieres. Il me paroit inconteſtable que les Souverains n'ont point le Droit de priver leurs Sujets de cette Liberté, moins encore de les con-

* Barbeyrac *ubi fup.* §. 25.

contraindre à embraſſer tels ou tels
ſentimens qu'ils croient faux. La
Religion conſiderée en elle-même
eſt hors de la juriſdiction des Princes. Leur pouvoir, à cet égard,
ne s'étend que ſur ceux qui enſei-
gneroient, ſous ce pretexte, quelque choſe qui fut contraire aux
bonnes mœurs ou defendu pour
des raiſons d'Etat, quoiqu'indiffe-
rent de ſa nature. Le Souverain
peut & doit punir les *troubles-re-*
pos, qui font des choſes certainement mauvaiſes, & contraires à
l'ordre établi dans un Etat; mais il
n'en eſt pas de même des erreurs.
Quelques pernicieuſes qu'on les
croie pour le ſalut, elles ne cauſe-
ront jamais de deſordres dans la Societé civile, pour vû que le Souverain ait le ſoin de tenir la balance
égale entre les gens de divers partis, pourvû que les uns & les autres n'aient point de ſentimens qui
les portent à la revolte. "Rien n'eſt
plus

„ plus faux qu'une maxime de Po-
„ litique toute contraire dont les
„ Ecclésiastiques éblouïssent les
„ Souverains, pour dominer eux
„ mêmes sur les Consciences, &
„ pour avancer d'ailleurs leurs in-
„ terêts temporels. Ils font sonner
„ fort haut que le bien d'un Etat
„ veut qu'il n'y ait qu'une Reli-
„ gion, parce, disent-ils, que la
„ diversité de Religions produit
„ des Divisions & des troubles.
„ Mais ce n'est nullement la diver-
„ sité des Religions, qui cause
„ par elle-même ces mauvais effets:
„ c'est au contraire l'Intolerance,
„ qui veut élever un parti sur les
„ ruïnes de l'autre. * ” Mais enfon-
çons la matiere.

Si les Princes avoient droit de
géener les Consciences, il faudroit
qu'ils l'eussent reçu de ceux qui se
font

* Barbeyrac Traité de la morale des Peres.
ch. XII. §. 32.

sont soumis à eux volontairement ;
car je comprens bien qu'on ne dira
pas qu'ils le tiennent de Dieu. Or il
est certain que les hommes, en se
réunissant pour vivre en Societé &
former les Etats, ne se sont point
depouillez du plus beau & du plus
considérable de leurs privileges,
qui est, sans contredit, celui de
servir Dieu de la maniere que chacun croit lui être la plus agréable.

J'ajoute que quand-même ils
l'auroient fait, & qu'ils se seroient
pleinement soumis en matiere de
Religion au jugement, & à la volonté du Souverain, celui-ci n'en
auroit pas acquis plus de Droit,
comme le remarque Barbeyrac ;
parce que ce n'est pas une des choses, dont il est libre à chacun de
disposer à sa fantaisie. "Un homme
„ ne peut jamais donner à un autre
„ homme un pouvoir arbitraire sur
„ sa vie, dont il n'est pas maître
lui-

„ lui-même. Mais il eſt encore
„ moins maître de ſa conſcience,
„ dont l'Empire appartient telle-
„ ment à Dieu que les autres hom-
„ mes, quoiqu'ils vueillent, quoi-
„ qu'ils faſſent, ne ſauroient veri-
„ tablement y en exercer aucun.
„ Les plus grands efforts de la vio-
„ lence n'aboutiſſent ici qu'à faire
„ des hypocrites. On peut faire
„ ſemblant de croire, mais on n'en
„ croit pas plus pour cela. Quel-
„ qu'envie même qu'on ait de
„ croire, on ne ſauroit ſe perſua-
„ der à ſoi-même le contraire de
„ ce qui nous paroit vrai, tant qu'il
„ ne ſe preſente aucune raiſon ca-
„ pable de faire impreſſion ſur nos
„ eſprits. Or, bien loin qu'une
„ force exterieure puiſſe produire
„ cet effet, elle en produit un tout
„ oppoſé. Dieu lui-même ne ſe ſert
„ ici de ſa puiſſance infinie, que
„ d'une maniere proportionée à la
„ nature de la Religion, & de nos

Et-

„ Entendements fi par lui-même,
„ ou par fes miniſtres, il* *emmene*
„ *toutes nos penſées captives*, &
„ *les ſoumet à l'obéiſſance de* Jeſus
„ Chriſt, s'il triomphe de nos er-
„ reurs, ce n'eſt que par l'éclat
„ victorieux de la verité, par des
„ *Armes non Charnelles* †. l'Apotre
S. Paul, qui, avant ſa converſion,
en avoſt emploïé de *Charnelles*, eſt
celui qui depuis déclare hautement,
qu'elles ne conviennent point à ſa
milice : & qu'il a eu beſoin de toute la *Miſecorde de* Dieu, pour avoir
été un *Perſecuteur*, *un homme vio-
lent*, quoiqu'il agit alors par ignorance & de boñne foi ‡. D'où je
conclus que la perſecution eſt une
de ces choſes ſi hautement & ſi viſiblement condamnées par la loi naturelle, qu'il eſt bien difficile de
s'en diſculper.

                          D'ail-

* II. Corinth. X. vſ. 5.
† II. Cor. Ch. X. vſ. 3.
‡ I. Timoth. I. vſ. 13.

D'ailleurs, la Liberté de conscience étant très-avantageuse à l'Etat, il n'est guere convenable aux Souverains de la ravir. Que cette liberté soit un bien, c'est ce dont on ne peut douter. Nous en avons un exemple sous les yeux. Qu'étoit-ce que la Hollande sous le Gouvernement des Espagnols, & quand *l'inquisition* y faisoit les plus horribles ravages ? Qu'étoit ce avant qu'on y jouit de cette precieuse liberté qui y fait maintenant fleurir le commerce, & qui la rend la plus belle, la plus riche, la mieux Peuplée, & la plus puissante Republique, je ne dis pas de l'Europe, mais du monde entier? Les Reformez, les Juifs, & les Catholiques Romains y professent librement leurs Religions, sans qu'il en naisse le moindre inconvenient. Il en seroit de même partout ailleurs si les Souverains connoissoient bien leurs intérêts. Qu'en revient

il

il après tout de perſecuter les gens!
La Religion ne peut être forcée
C'eſt ce qu'a fort bien remarqué
Tertulien † qui dit, parlant au
Païens: „ Puisque le ſervice de
„ Dieux eſt un pur acte de volon
„ té, il ſemble qu'il y ait de l'in
„ juſtice de contraindre des hom-
„ mes libres, à leur offrir des ſa-
„ crifices, & que ce ſoit choſe ri-
„ dicule de les obliger d'honorer
„ les Dieux malgré eux, attendu
„ que de leur propre mouvement,
„ ils doivent être portés par leur
„ interêt à rechercher leur faveur,
„ ſi ce ſont de vrais Dieux; il ne
„ faut par leur ravir l'avantage que
„ leur donne la liberté de leur na-
„ ture. Il leur doit être permis
„ de dire: je ne veux pas que jupi-
„ ter me ſoit favorable: Qui étes
„ vous vous qui voulez faire violen-
„ ce ſur ma volonté? je ne crains
point

† Tertul. *Apologet.* C. 28.

„ point Janus, je me ris de sa co-
„ lere, de quelque coté de ses deux
„ visages qu'il me regarde. Quel
„ pouvoir avez-vous de vous mêler
„ de ce qui me touche?

Il suit de tout ce que nous
venons de dire, que quand même
il y auroit dans la societé civile
des Athées de speculation, on ne
devroit pas les punir pour cela seul
qu'ils seroient Athées. S'ils ne
troublent point le repos public,
en tachant d'ébranler & detruire
l'opinion reçuë de l'existen-
ce d'un Dieu, à quoi bon
& en vertu de quoi les pu-
niroit-on? † „ La nature & le but
„ des peines que les Tribunaux hu-
„ mains infligent, ne demande
„ pas, ce me semble, qu'elles
„ soient mises en usage contre de
„ telles gens. Ils sont assez punis

S 4 par

† Barbeyrac Not. I. sur le §. 4. du ch. 4.
l. III. du Droit de la nature & des Gens,

„ par leur propre impieté, s'ils y
„ perseverent jufqu'à la mort.
„ Mais peut étre qu'ils en revien-
„ dront, fi l'on s'y prend comme
„ il faut pour diffiper peu à peu les
„ veines fubtilitez, aux quelles ils
„ fe font laiffez éblouir. „ En un
mot le Souverain doit feconder les
vûes de Dieu, qui *ne veut pas la*
mort du Pecheur, mais fa Conver-
fion. Ce feroit fort mal s'y prendre
pour guerir une Perfonne de l'A-
théïfme que d'employer la voïe
des peines & de la violence.

DISSER-

DISSERTATION

SUR

L'ADULTERE.

Fecunda culpa fecula nuptias
Primum inquinavere, & genus & domos:
   Hoc fonte derivata clades
   In patriam populumque fluxit.
Horace Ode VI. liv. III.

Notre fiecle fi fecond en vices à premierement corrompu les mariages, les familles, les
maifons, & c'eft de nos frequens Adulteres
qu'eft fortie cette fource de maux qui a inon-
dé notre Patrie, & fubmergé prefque tout le
Peuple.

✻✻✻✻✻✻✻✻✻✻✻✻✻✻✻✻✻✻

AVERTISSEMENT.

LA Diſſertation ſuivante a eté écrite en Anglois par un auteur anonime, qui a fait uſage de diverſes lectures, pour en compoſer ce petit ouvrage, en raprochant pluſieurs beaux endroits des anciens & des modernes. Voyant qu'elle avoit un raport neceſſaire avec l'Art de connoître les Femmes, je l'ai traduite, & je la donne au Public, ſans avoir en rien alteré l'original. Il me ſemble que la Lecture ne peut qu'en être agreable à toutes les perſonnes de bon gout. Je plaindrai ceux qui ne ſeront pas en cela de mon avis.

DIS-

DISSERTATION

SUR

L'ADULTERE.

I. LEs loix naturelles Ecclefiaf. tiques & civiles qui con-cernent l'Adultere ne font pas, à beaucoup près fi favorables aux Femmes qu'aux hommes. Il eft par exemple manifeftement contraire à la loi naturelle qu'une Femme ait commerce avec plufieurs hommes; au lieu que parmi plufieurs Peuples & même chez les anciens juifs les hommes pouvoient avoir plufieurs Femmes en même tems. Mais, fi d'un coté les loix nous favorifent un peu, de l'autre, il femble que cette douceur foit contrebalancée

par

par le dèshonneur que nous rece-
vons des Debauches de nos Epouſes, bien que les plus grands excès
ou nous puiſſions nous livrer ne leur
faſſent aucun tord. Elles deshonnorent notre front par un commerce illegitime , & nous ne faiſons
aucune brêche ni à leur honneur,
ni à leur reputation. Je ne vois
point quelle peut être la raiſon de
cette biſarrerie ; mais , puis que
l'uſage le veut ainſi , peut être
nous accuſeroit-on d'extravagance,
ſi nous voulions moraliſer là
deſſus. Je remarquerai pourtant que l'antiquité ne decide pas
en faveur de cet uſage. Il paroit
qu'autrefois, on ne ſe formaliſoit
guere de ce que pouvoit faire une
Femme. Les maris d'alors, gens
très endurans & très-pacifiques,
voioient d'un air tranquille leurs
Femmes careſſer des Etrangers, &
ils n'y faiſoient non plus d'attention que ſi elles leur avoient été
abſo-

absolument indifferentes. C'est ce
que nous apprend Juvenal qui dit
que les Femmes de son siecle ne
redoutoient aucunement la presen-
ce de leurs Epoux, & qu'elles ne
faisoient pas difficulté, dans les as-
semblées même ou ils se trouvoient,
de se retirer à l'écart & d'y parler,
la tête élevée, & la gorge decou-
verte, avec des Generaux ou d'autres Officiers d'armée. * Il ajoute
même qu'il connoissoit des Maris
assez debonnaires, ou peut être assez prudens, pour faire semblant
de regarder au Plancher, ou de
ronfler à table, tandis qu'on ca-
ressoit leurs Femmes. † ,, Et verita-
,, blement, quelque grand que soit
,, le pouvoir des maris sur leurs
Fem-

---

* *Cumque paludatis Ducibus, præsente marito,*
  Ipsa loqui recta facie, strictisque mamillis
  Juv. sat. 6.

† – – – – *Doctus spectare Lacunar,*
  Doctus & ad calicem vigilanti stertere naso.
  Juv. sat. 1.

„ Femmes, ils font très-fagement
„ de n'en point ufer, parceque,
„ par un ufage qui a prévalu, &
„ auquel ils ont eux même prêté
„ la main, ils ne peuvent l'exer-
„ cer que leurs Femmes n'y veuil-
„ lent bien confentir. C'eft jufte-
„ ment une Puiffance précaire tel-
„ le que Tacite appelle la Puiffan-
„ ce des Princes deja vieux, qui
„ ne font les maîtres qu'autant
„ qu'on ne fe foucie point de les
„ maîtrifer, & qui ne peuvent com-
„ mander, qu'autant qu'on ne veut
„ point commander en leur place.
Après tout, Moliere n'a-t'il pas
eu raifon de dire.

Quel mal cela fait-il? la jambe en devient
    elle
Plus tortuë après tout, & la taille moins
    belle.

En un mot il n'y a point de ver-
          tu

* V. Les amours d'Horace.

tu plus néceſſaire à un Mari; comme je l'ai remarqué ailleurs, qu'une entiere indifference ſur la conduite de ſa Femme. " Le ſeul
„ moïen qu'il ait d'etre heureux
„ c'eſt de ne rien voir, ce n'eſt
„ pas le grand jour qui fait la
„ beauté du mariage; il y faut des
„ ombres comme dans la Peinture;
„ il y faut même à proprement
„ parler, une nuit éternelle. "
Peut être ſe reſoudroit-on facilement à prendre ce parti, n'étoit que la Religion Chrêtienne, a beaucoup *rogné* de nos privileges. Avant J. C. la raiſon ſeule ſuffiſoit, il eſt vrai, pour faire voir à l'homme que le mariage d'un avec une, eſt infiniment plus honnête & plus avantageux. Cependant, quoiqu'en put dire la raiſon, la Poly gamie étoit en uſage. De ſaints perſonnages, tels qu'un Abraham, un Jacob, & tant d'autres dont l'Ecriture fait mention, cou-
chóient

choient, fans fcrupule avec leurs
fervantes. Mais depuis l'établiffe-
ment du Chriftianifme, tout homme qui a commerce, même avec
une fille de condition libre, *fui
Juris*, comme parlent les Juris-
confultes, eft Adultere. J'avoue
que le nombre des coupables de
l'un & de l'autre Sexe, fait que
le crime refte impuni, mais les
loix qui ftatuent certaines peines
contre ceux qui le commettent
en font elles moins juftes ? l'impunité, en nous garantiffant d'un
opprobre publique, ne nous juftifie
pas *in foro Confcientiæ*.

II. Auffi les Poëtez les Philofophes, les Légilateurs, fe font-ils
tous declaré contre l'Adultere; en
voici des preuves tirées de leurs
Ecrits.

1. Bellerophon eft loué dans
Homere (a) de n'avoir pas voulu
con-

(a) Iliade liv. 6. vf. 350.

confentir aux pourfuites d'An-
tée.

2. On ne fe faifoit point alors
un honneur de fouiller le lit de fon
Prochain, & même ç'eut été inutilement que les Femmes auroient
fait toutes les avances. La chafteté chez les Anciens, étoit une
vertu fi fort en recommendation,
qu'Hippolite a reçu de grandes
louanges pour ce fujet. Medée demande à Jafon qui lui avoit fait infidelité, *s'il croit que les Dieux,
n'ont plus de pouvoir, ou s'il s'eft
imaginé que les anciennes loix a-
voient changé.* L'Honnête homme,
felon Menandre, ne doit ni corrompre les vierges, ni commettre
Adultere.

3. La Nourice de Phedre fait
ce qu'elle peut pour chaffer de
l'Efprit de cette infortunée Prin-
ceffe la flamme impure qui la devoroit; & Phedre convient de fon
crime.

T   4 Py-

4. Pytagore recommandoit aux maris de n'avoir commerce qu'avec leurs Femmes ; & fes exhortations firent tant d'impreffion fur les Crotomates, qu'après les avoir entenduës, ils chafferent leurs Concubines.

5. Le Divin Platon taxe l'Adultere d'injuftice, & Ariftote fouhaitoit que ceux qui le commettroient fuffent notez d'infamie. Les Stoïciens & même les Epicuriens defendoient l'Adultere.

6. Seneque prétend qu'on ne doit pas donner de l'argent à un homme, qu'on fait devoir s'en fervir pour en faire prefent à une Femme avec que l'on fait qu'il eft en mauvais commerce. Il croit de plus que l'obligation de garder la foi conjugale, regarde autant les maris que les Femmes.

7. L'hiftoire de Lucrece fournit un exemple de l'horreur qu'on avoit de l'Adultere dans ces premiers tem-

tems Après avoir souffert malgré elle, dit-on, la violence de Tarquin, elle envoya chercher son
Mari; il vint & lui demanda comment elle se portoit. Helas! lui re-
pondit-elle dolemment, une Femme
qui a perdu sa pudicité peut-elle ê-
tre en bonne santé? Neanmoins
dit là dessus l'Auteur de qui j'emprunte cette morale des Païens *,
elle se trompoit fort de croire que
n'ayant point consenti à cette violence, elle eut cependant commis
quelque faute.

A parler franchement, je serois
très-porté à croire que Lucrece tra-
hit son secret par sa reponse, &
qu'elle n'eut eu garde d'avertir son
mari de ce qui s'etoit passé, si
elle n'avoit jugé à propos de prevenir l'indiscretion de Tarquin, se
doutant bien que ce Prince dont le
carac-

---

* V. L'histoire de la Philosophie Payenne,
to. 2.

caractere étoit peu different de celui de nos petits maîtres, la dece-
leroit tot ou tard, & qu'elle auroit
alors la honte de voir le Public persuadé que sa pretenduë Chasteté
n'étoit autre chose que l'effet de la
plus fine politique, & d'une hypo-
crisie bien conduite : car la chro-
nique scandaleuse dit que Lucrece
avoit accordé plus d'une fois les
dernieres faveurs à Tarquin. Mais
pourtant, comme je n'ai jamais ser-
vi de Mercure à ces deux amans,
ni à d'autres, soit dit par Paren-
thése, je ne peux dire au juste
si c'est medisance ou calomnie.
Pour en revenir à mon sujet, ceux
même qui ne craignoient pas de
commettre une simple fornication,
se feroient fait un scrupule d'avoir
commerce avec des Femmes mariées. C'est ce qui est arrivé à A-
lexandre le Grand au raport de
Plutarque. " Un soir bien tard on
,, lui amena quelque jeune Garce

pour

, pour coucher avec lui, il lui de-
„ manda pour quelle cause elle é-
„ toit venue si tard, elle repondit
„ qu'elle attendoit que son mari
„ fut couché, & alors il censura
„ bien ses gens, pour ce, dit-il,
„ qu'il ne s'en est gueres fallu que
„ je n'aye commis adultere. ”

„ Semblablement , dit ailleurs
„ Plutarque, Alexandre, ne voulut
„ point aller voir la Femme de Da-
„ rius bien que l'on lui dit que c'etoit
„ une fort belle jeune Dame; ains
„ allant visiter sa mere qui étoit
„ deja vieille, s'abstint de voir
„ l'autre, qui étoit belle & jeune:
„ mais nous jettans les yeux jus-
„ ques aux Littiéres des Femmes
„ & nous pendans à leurs fenê-
„ tres, ne cuidons commettre au-
„ cune faute en laissant ainsi la cu-
„ riosité glisser & couler à tout ce
„ qu'elle veut. ”

III. Oublierions nous de raporter les beaux sentimens de l'Amou-

reux *Horace* fur la matiere que nous traitons ? gardons nous en bien. Son temoignage a d'autant plus de force, qu'il etoit lui-même dans le cas de l'Adultere, par le commerce un peu trop familier, qu'il entretenoit avec la Femme d'un *Tofcan*. Pour éloigner les honnêtes gens de l'Adultere, il peint avec les couleurs les plus vives les dangers aux quels on s'expofe en vifitant la Femme de fon voifin. Il fait voir toutes les peines, & tous les embarras, ou on fe trouve de tous côtez, & il dit fans détour que les plaifirs qu'on cherche font corrompus par la douleur, & qu'ils font même fort rares. Remarquez bien que cet honnête homme parloit par experience; l'un, dit-il, a été obligé à fe jetter du toit, l'autre a été battu de verges jufqu'à la mort. Celui-ci en fuyant, eft tombé la nuit entre les mains des voleurs, celui là a donné une groffe fomme d'ard'argent pour se racheter. Plusieurs ont été abandonnez aux plus vils esclaves, & nous en connoissons même que l'on a honteusement & proprement *devirilisez.* Tout le monde dit que c'est à bon droit. Galba seul est d'avis contraire *. Mais faut-il s'en étonner? Le Seigneur Galba compatit charitablement au malheur de ses Confreres. Car étant lui même un Adultere du premier ordre, il ne pouvoit souffrir que ceux qui etoient dans le même cas, fussent traitez si cruellement il prenoit toujours leur parti.

* *Audire est operæ pretium, procedere recte*
Qui moechis non vultis, ut omni parte laborent:
Ut que illis multo corrupta dolore voluptas.
Atque hæc rara cadat dura inter sæpè pericla.
Hic se præcipitem tecto dedit: ille flagellis
Ad mortem cæsus: fugiens hic decidit acrem
Prædonum in turbam: dedit hic pro corpore
    nummos:
Hunc perminxerunt Calones. Quin etiam illud
Accidit, ut cuidam testes, caudamque salacem
Demeteret ferrum. Jure, omnes, Galba negabat.
                    Horace Sat. II. Liv. I,

ti. Peut être même que le malheur dont *Horace* parle lui étoit arrivé ; Car les maris le vangeoient souvent de cette maniere. *Plaute* fait allusion à cette belle coutume dans la seconde Scene du IV. Acte du *Pœnulus*, ou le valet Synceraftus dit : *Je fais ce que les Adulteres ne font pas d'ordinaire.* Mi. *he quoi ?* Syn. *Je raporte mes piéces de menage en bon état.* *

Au refte, dit Mr. *Dacier*, fi Horace ne detourne de l'Adultere que par la vuë des difficultez qu'on trouve ordinairement dans ces fortes de recherches, ou des dangers dont elles font toujours accompagnées, ce n'eft pas qu'il n'eut de meilleures raifons, & qu'il ne connut que c'étoit un Peché qui attiroit la colere de Dieu, puifqu'il le dit formellement dans fes Odes. Mais

---

* *Facio quod manifefto mœchi haud ferme folent. Mi. quid id eft ?* Syn. *Refero vafa falva.*

Mais aparemment il croyoit que
ces raisons ne feroient pas beaucoup d'impreffion fur les Romains,
& que celles-ci les toucheroient
d'avantage. Long-tems avant la loi
écrite, la loi naturelle avoit donné
aux Gentils une grande horreur
pour ce Peché. Nous en voyons
un Exemple bien remarquable dans
l'hiftoire d'Abraham. Etant allé à
Gerare dans l'Arabie Petrée ou re-
gnòit le Roi Abimeleck, il dit que
fa Femme Sara étoit fa fœur. Abimeleck envoia prendre Sara; mais
Dieu lui apparut en fonge & lui dit
qu'il étoit mort à caufe de la Femme
d'Abraham qu'il avoit prife à fon
mari. Abimeleck s'excufe fur fon
ignorance, & dit qu'il a fait cette
action dans la fimplicité de fon
cœur & dans la pureté de fes mains;
& le lendemain il fait venir *Abra-*
ham, & lui dit: *Que nous avez-*
vous fait ? & qu'avions nous fait
contre vous, que vous avez voulu

atti-

attirer *sur moi*, & *sur mon Royaume*, *la punition d'un si grand Peché?* On voit par là, ajoute Mr. *Dacier* que si les Gentils regardoient l'Adultere comme un si grand Peché, qu'ils le punissoient du feu, ils regardoient la simple fornication comme permise. Aussi dans le même livre de la Genese, nous voyons *Juda* se *réunir* sans scrupule à *Thamar*, qu'il regardoit comme une Courtisanne. Ces sentimens se sont conservez parmi les Payens C'est celui de *Caton* dans cette Satyre *d'Horace*, & celui de *Micion* dans *Terence* comme l'a remarqué *Grotius*. La Loi naturelle avoit deja commencé à s'effacer & à se corrompre. Il est vrai qu'il y a eu quelques payens plus sages qui l'avoient conservée, & qui regardoient la simple fornication comme un crime, parce qu'elle étoit contraire à l'ordre établi de Dieu. Mais comme ces Payens étoient en petit

petit nombre, & que le defordre
étoit prefque general, il a fallu
que la Loi de l'Evangile vint reffu-
citer, reproduire, recréer la loi
naturelle, en defendant la fornication. C'eſt pourquoi dans les Actes
des Apôtres. XV. les Apôtres &
toute l'Eglife écrivent aux Gentils
d'Antioche, de Syrie & de Cili-
cie de s'abſtenir entr'autres chofes
de la fornication.

IV. Certains maris d'autrefois
avoient bonne opinion de la vertu
de leurs Femmes quand les enfans
reſſembloient à leurs Peres *Pre-
fomptifs*, & ils prétendoient connoître les veritables Peres à cette
reſſemblance, juſques-là qu'ils prenoient pour illegitimes ceux qui ne
reſſembloient point. Et ce ſentiment étoit fort ancien, car Hefiode même compte parmi les felicitez
des gens des bien que leurs Femmes
ont des Enfans qui leur reſſemblent.
C'eſt ce qui a fait dire à *Theocri-
te*

te que le cœur de la Femme qui n'aime point son mari vole toujours après son Amant, mais que ses Enfans sont bien aisez à connoître, car ils ne ressemblent jamais au mari. Aussi Catulle souhaite à Manlius que son fils lui ressemble si fort qu'il soit reconnu de tout le monde, & qu'il porte par là sur son visage les marques de la chasteté de sa mere *. De là vint la coutume de certains Peuples dont les Femmes étoient communes, de donner les enfans à ceux à qui ils remarquoient à peu près les mêmes traits. Il y a deja long-tems qu'on a reconnu que ces marques pouvoient être trompeuses, & les Physiciens en donnent de bonnes raisons ; mais je ne sai, dit Mr. *Dacier*, si la condition des Femmes en est aujourd'hui plus heureuse ;

* *Et pudicitiam suæ.*
Matris indicet ore.

fe ; car fi d'un côté on ne juge pas plus mal d'une Dame lorfque fes enfans ne reffemblent point du tout à fon mari, on n'en juge pas mieux auffi quand le contraire arrive. Du tems d'*Augufte*, il fe trouva un homme de Province qui reffembloit fi parfaitement à cet Empereur qu'il attiroit les yeux de tout le monde, & qu'*Augufte* même voulut le voir. On le lui amena & il fut fi frapé de cette reffemblance qu'il lui demanda : *votre mere n'eft-elle jamais venue* à Rome. Le Provincial qui fentit bien ce que le Prince vouloit dire, retorque la plaifanterie contre lui, & repondit : *Non*, Seigneur , *mais mon Pere y eft venu fort fouvent*

V. De ce faux Principe, naiffoit la Jaloufie, qui pourtant ne fut jamais à beaucoup près fi commune dans l'Antiquité, qu'aujourd'hui. Mais ceux qui étoient atteint

teint de cette maladie, prenoient
des précautions incroyables, & extravagantes, pour empêcher que
des étrangers ne liaffent commerce
avec leurs Femmes. Ils leur don-
noient des Gardes ou des Efpions;
comme Ovide le reproche * à un
certain *quidam: Cruel mari*, lui
dit-il! *Pourquoi avez vous donné
une Garde à votre* tendre *Epoufe?*
Les Femmes de qualité ne paroif-
foient dans les ruës que dans des
chaifes qui étoient proprement ap-
pellées *Lecticæ*, & qui étoient fer-
mées & vitrées. Cette invention
des chaifes produifit bien-tôt celle
des Litiéres, qui ne differoient
des chaifes qu'en ce que celles-ci
étoient portées par des hommes,
& les Litiéres par des mulets. Ces
Litieres font parfaitement décrites
dans une ancienne Epigramme,
qui

---

* *Dure vir impofito tenera Cuftode Pufilla.* Ovid.
lib. III. *amor.* Eleg. IV.

qui marque auſſi qu'elles ſervoient
à porter les Dames dans les Ruës.
,, Une Litiére dorée & vitrée des
,, deux côtez, enferme les chaſtes
,, Femmes de qualité. Elle eſt ſou-
,, tenuë ſur un brancard par deux
,, mulets qui portent à petits pas
,, cette eſpece de cabinet ſuſpendu.
,, Et la precaution eſt fort bonne,
,, pour empêcher que les Femmes
,, mariées en allant par les Ruës, ne
,, ſoient corrompuës par les hom-
,, mes. * ,, Il y avoit auſſi une
chaiſe de Chambre, fermée & vitrée, ou les Dames ſe tenoient.
Elles travailloient dans cette chaiſe, & de là elles parloient à ceux
qui les approchoient. Suetone appelle cette Chaiſe *Lecticulam luca-*
bra-

* *Aurea matronas claudit baſterna pudicas,*
  Quæ radians latum eſtat utramque latus.
  Hanc geminus portat dupl. tib robere burdo
  Provehit & modico pendula ſepta gradu.
  Proviſum eſt cautè ne per loca publica pergens
  Excetur viſis caſta marita viris.

bratoriam, lorſqu'il dit qu'Auguſte ſe mettoit après ſouper dans u-
ne de ces çhaiſes pour travailler.
Je conclus de tout cela, que dans
tous les ſiecles, il s'eſt trouvé des
hommes qui n'ont pas eu fort bonne opinion de la vertu des Femmes. Et, pour en donner une preuve directe, il ſuffit de remarquer
que la plupart des Anciens ne cher-
choient point d'autre raiſon de la
ſageſſe du Sexe, que l'avarice des
Amans. Car on ne peut pas dire
proprement que la crainte des chatimens rendoit les Femmes Chaſtes
avant la loi *Julia*, puisque le mari n'avoit alors le droit de tuer ſa
Femme ſurpriſe en Adultere, que
quand il la ſurprenoit avec un Af-
franchi, avec un Eſclave, ou avec
un Comedien. Mais il pouvoit toujours tuer l'Adultere. Il avoit
plus de droit ſur l'Amant corrup-
teur, que ſur ſa propre Femme.
On n'ignoroit pas alors: combien
le

le beau Sexe est fragile , & avec
quelle facilité, il cede aux instan-
ces d'un homme beau, bien fait &
de qualité ; mais il étoit juste de
punir les Femmes que la bassesse
animoit, ou qui n'avoient de passion que pour des Esclaves, ou
pour ces sortes de gens vigoureux,
& toujours prêts au combat. Nous
voyons encore des Dames qui ne
cedent en rien à celles dont il est
parlé dans *Petrone* * qui se sentent
portées à aimer des Gladiateurs,
des Muletiers couverts de crasse,
& des Baladins reputez infames,
pour paroître sur les Theatres.
Tant il est vrai qu'il n'y a pas une
Femme si reservée qu'elle pût être
qui ne fut capable de commettre
une infidelité, & de pousser sa passion

* * *

* *Quædam enim fœminæ sordibus calent; nec
libidinem concitant, nisi aut servos viderint, aut
statores altiùs cinctos. Harena aliquas accendit,
aut persusus pulvere multo, aut histrio scenæ osten-
tatione traductus.* Petronius.

V

sion jusqu'au dernier emportement.
Pour prouver ce que j'avance, il
n'est pas besoin des exemples que
fournissent les Tragedies Anciennes, & de ces noms connus dans
les siécles les plus reculez ; mais il
ne faut que raconter l'histoire de la
Matrone d'Ephese.

VI. * Il y avoit une Dame à
Ephese dont la vertu faisoit tant de
bruit,

* *Flavien* au raport de *Jean* de *Sarisberi*, af-
sure que cette histoire est veritable, & que la
veuve qui en est l'heroïne fut punie, *impietatis
sua, & sceleris parricidialis, & adulterii, in con-
spectu Populi*, à la vuë du Peuple d'*Ephese*, ce
sont ses termes. Et il ajoute que S. *Jerome* dit
que *Petrone* n'est pas le seul qui a decrit ainsi
le vrai caractere des Femmes, & montré leurs
foiblesses, *ridendis*, qui meritent de servir de
risée à tout le monde. Enfin, quoiqu'il en
soit, cette histoire étoit fameuse dans l'Antiquité. *Apulée* l'a decrite, mais avec bien moins
d'agrément que *Petrone* qui est tout charmant
dans cette narration. On en en a fait plusieurs
traductions en diverses langues : il s'en voit
même de fort anciennes : entr'autres une en
vers françois qui a 500. ans. Mais il n'y en a
point ou les graces de l'Auteur & la fidelité
soient conservées, à la reserve d'une que Mr.
de St. *Evremond* a faite, qui est assez fidele.

bruit, qu'elle fit naître aux Femmes des Provinces voisines la curiosité de la voir. Son mari étant mort, elle ne se contenta pas de suivre la Pompe funebre toute déchevelée suivant la coutume, & de se fraper le sein à la vuë de tout le monde, elle voulut encore accompagner le corps jusques dans le Tombeau, ou on l'enterra à la maniere des *Grecs* & le garder en rependant jour & nuit une grande abondance de l'armes. De sorte que ses Parens & ses Amis la voyant outrée d'affliction, & dans le dessein de se laisser mourir de faim, firent leur possible pour l'en detourner ; mais ils ne purent rien obtenir, non plus que les Magistrats, qui s'y transporterent pour le même sujet. Ce rare exemple d'Amour, parut d'autant plus touchant à tous ceux qui le virent, qu'il y avoit deja cinq jours que cette Femme n'avoit pris aucune nourriture.

La pauvre affligée avoit auprès d'elle, une suivante fort affectionnée qui pleuroit par complaisance, & avoit le soin d'entretenir la lampe qu'on avoit mise dans le tombeau, toutes les fois qu'elle étoit prête à s'éteindre. Cette nouveauté faisoit le sujet de toutes les conversations de la ville, & chacun demeuroit d'accord qu'il ne s'étoit jamais vû de Femme si honnête & si tendre que celle-là.

Dans ce même tems il arriva que le Gouverneur de la Province fit pendre deux voleurs proche du tombeau, ou cette Dame pleuroit la perte qu'elle venoit de faire de son mari. Et la nuit d'après cette execution, le Soldat qui gardoit les croix, afin d'empêcher que les Parens des pendus ne vinsent

fent enlever leurs cadavres pour les
enterrer aiant aperçu à travers l'obf-
curité une lumiére dans le fepul-
chre, & entendu les foupirs d'une
perfonne affligée, porté par cet efprit de curiofité qui eft naturel aux
hommes, voulut favoir qui c'é-
toit, & ce qu'on faifoit là dedans.
Il y defcendit donc, & aiant d'a-
bord envifagé une très-belle Femme, il fut fi furpris qu'il crut voir
un Fantome : mais après avoir con-
fideré un corps étendu par terre,
& cette Femme fondante en larmes, le vifage dechiré de coups
d'ongles * comprenant aifement
que la caufe de cette affliction pro-
venoit

---

* Cette marque d'une extrême affliction,
étoit une coutume que les Femmes obfervoient
dans ces occafions, pour temoigner l'excès de
leur douleur. Mais la Loi des douze tables abolit cette coutume chez les Romains. Les Femmes s'imaginoient facrifier aux Manes de leurs
maris par cette effufion de fang. Ce n'eft pas
qu'elles fuffent meilleures qu'elles le font aujourd'hui, mais elles gardoient plus d'extérieur,

venoit de la perte de son Epoux
il apporta dans le sepulcre le peu
qu'il avoit pour son souper, & il
exhorta cette belle affligée de ne
point s'abandonner à une douleur
inutile disant qu'il ne lui serviroit
de rien de s'alterer ainsi les pou-
mons à pousser des sanglots, que
la mort étoit commune à tous
les hommes; & que le tombeau
étoit nôtre derniere demeure. Enfin il lui allegua toutes les autres raisons dont on se sert d'ordinaire, pour guerir les Esprits
accablez d'une pareille douleur.
Mais cette Femme qui ne vouloit
recevoir aucune consolation, se
dechira le sein avec encore plus
de fureur qu'elle n'avoit fait: &
s'arrachant les cheveux, elle les
jeta sur le corps qui étoit étendu à
ses pieds.

Toutes ces difficultez ne rebute-
rent point le Soldat: il s'éforça a-
vec des discours, aussi touchans
que

que les premiers de faire prendre
un peu de nourriture à cette pau‑
vre Femme pendant que la fuivan‑
te qui s'étoit laiffé furprendre par
l'odeur agreable du vin, tendit d'a‑
bord la main à cet homme auffi
perfuafif que charitable; & après
qu'elle eut bû & mangé, elle en‑
treprit de forcer l'opiniatreté de fa
Maîtreffe *. A quoi vous fervira,
lui dit‑elle, de vous laiffer mourir
de faim, de vous enterrer toute vi‑
ve, & de vouloir que vôtre Ame
fe fepare de vôtre corps, avant que
le Ciel l'ait ordonné?

> Tous ces gemiffemens, ces funeftes tranf‑
>   ports
> Ne touchent point la cendre, ou les Manes
>   des morts.

Pre‑

* On fait agir ici la fuivante pour cor‑
rompre la maîtreffe, parce qu'une Femme
fe laiffe aller plus facilement aux perfuafions
d'une autre Femme. C'eft encore le tableau
Original des mœurs d'aujourd'hui. Les Sui‑
vantes font les Conquêtes les plus diffici‑
les.

V 4

Pretendez-vous, malgré le def-
tin rendre la vie à ce Cadavre ?
Croiez moi ; defaites-vous de l'erreur de nôtre Sexe, & jouiffez du
Plaifir de vivre. Le corps que vous
voyez étendu par Terre, vous fait
connoître que vous ne devez fonger qu'à la confervation de vos
jours.

Comme il eft très-rare de refifter
à de telles perfuafions, fur tout
quand il y va de la vie, cette Dame extenuée par l'abftinence qu'elle avoit gardée depuis quelques
jours, laiffa vaincre fa conftance,
& elle fe mit à manger d'auffi bon
appetit, que fa fuivante avoit fait
un peu auparavant. Au refte, comme vous n'ignorez pas ce qui nous
rente pour l'ordinaire, quand nous
fommes bien raffafiez, je vous dirai que le Soldat attaqua la chaftе-
té de la Dame, avec les mêmes
agrémens dont il s'étoit fervi pour
obtenir d'elle la confervation de fa
vie.

vie. Cette prude trouvoit que le Jeune homme n'étoit point mal fait & parloit bien. Ajoutez à cela les bons offices de la suivante, qui disoit en sa faveur à sa maîtresse, pour la faire ressouvenir des plaisirs qu'elle avoit pris avec son defunt Mari, & la porter à en gouter de semblables avec ce nouveau Champion de *Venus:*

Quoi! vous resisterez à des soins empres-
sez?

Ne vous souvient-il plus de vos plaisirs passez?

Enfin pour ne pas vous tenir plus long-tems en suspens, je vous dirai que cette Femme ne garda aucune moderation à l'egard de ce qu'on peut s'imaginer. Car le Soldat devint victorieux de ses charmes secrets, ainsi qu'il l'avoit été de sa bouche. Ils passerent donc ensemble, non seulement la nuit qui fit cette conquête, mais en-

V 5 core

core les deux jours suivans, aiant
si bien fermé les portes du Tombeau sur eux, que quiconque y
fut venu soit de la connoissance de
la veuve, ou autres, se seroit persuadé que cette vertueuse Femme
étoit tombée morte de douleur sur
le corps de son Mari. Enfin le Soldat charmé de la beauté de sa maîtresse, & de ce que son bonheur
étoit inconnu à tout le monde,
employoit le peu d'argent qu'il a-
voit, pour acheter ce qu'il trouvoit de meilleur, & le portoit dans
le sepulcre aussitôt que la nuit étoit
venuë.

Cependant les Parens d'un des
Pendus s'apercevant que la senti-
nelle s'étoit relachée de son devoir, enleverent de nuit le corps
& l'enterrerent. Mais le Soldat qui
s'étoit laissé surprendre de la sorte
pour avoir demeuré trop attaché à
son plaisir, voyant le lendemain
qu'il manquoit un corps à une des
croix,

croix, craignit le fupplice qu'il meritoit, & alla raconter à fa maîtreſſe ce qui étoit arrivé, difant qu'il ne vouloit pas attendre fa condamnation, & qu'il étoit refolu d'emprunter le fecours de fon Epée pour punir lui-même fa negligence : qu'elle eut donc à fonger à difpofer un lieu dans ce fatal tombeau, pour y mettre auſſi fon corps, afin qu'il put fervir à fon Mari, & à fon Amant tout enfemble.

Cette Femme qui avoit autant de pitié que de pudeur s'ecria; Aux Dieux ne plaife! qu'en un même tems je fouffre la perte de deux perfonnes fi cheres, j'aime beaucoup mieux que le mort foit pendu, que de voir pendre le vivant. Dez qu'elle eut prononcé ces paroles, elle fit tirer le corps de fon mari du Cercueil, & l'attacher à la même croix ou il en manquoit un. Ainfi le Soldat fe fervit très-utile-

ment de l'expedient que lui donnoit une Femme fi avifée, & le
lendemain le Peuple admira comment il s'étoit pû faire qu'un corps
mort fut retourné de lui-même au
gibet.

VII. Tout le mal qu'il y a dans
l'Adultere, fi nous en voulions
croire S. Auguftin, confifte dans
le defir du commerce charnel: fur
quoi Mr. De Barbeyrac obferve
fort judicieufement que le defir de
coucher avec une Femme & de ne
pas dormir auprès d'elle, ne peut
être moralement mauvais que pour
deux raifons, ou parce que le defir
du commerce d'une Femme eft
mauvais de fa nature, ou par ce
qu'il n'y a que certaines Femmes
qui foient l'objet legitime de ce
defir. " Si l'on dit le premier, con-
,, tinue-t'il, un mari pechera en
,, defirant d'avoir commerce avec
,, fa propre Femme, & le mariage
,, fera un Etat de peché habituel : fi
l'on

,, l'on se restreint au dernier com-
,, me il le faut necessairement, on
,, doit rendre raison, pourquoi il
,, est permis de satisfaire le *desir*
,, naturel, innocent en lui-même,
,, avec une Epouse, & non pas a-
,, vec la Femme d'autrui. Or c'est
,, surquoi S. Augustin demeure
,, muet.''

VIII. La morale de St. Ambroise
ne paroit pas être des plus severes ;
car il s'explique sur l'Adultere de
maniere à le faire regarder comme
n'étant pas toujours un crime. Ce
Pere dit nettement *qu'avant la loi
de Moïse, & celle de l'Evangile
l'Adultere n'étoit point defendu.*
Quand il s'est exprimé de la sorte
il vouloit justifier le Commerce
qu'Abraham eut avec Hagar sa ser-
vante ; & voici ce qu'il dit là dessus. *Considerons premierement
qu'Abraham vivoit & avant Moïse, & avant l'Evangile ; auquel
tems l'Adultere ne paroissoit pas*

de

defendu. La peine du crime n'a lieu que depuis la Loi, qui le defend : perſonne ne peut être condamné *comme* criminel *avant la Loi, mais depuis la Loi & en vertu de la Loi. Abraham ne pecha donc point contre la loi, mais il la prevint.* Dieu *avoit bien loué le mariage dans le Paradis Terreſtre, mais il n'avoit pas* condamné *l'A*dultere. *Car il ne veut point la mort du Pecheur :* & *ainſi il promet les recompenſes, mais il n'exige point la peine. Car il aime mieux engager par la douceur qu'épouvanter par la ſeverité. Vous avez peché, pendant que vous etiez encore Gentil, vous êtes excuſable. Etes vous entré dans l'Egliſe? avez vous entendu la Loi,* Tu ne commettras point d'Adultere? *Vous n'avez plus d'excuſe,* &c. Un peu plus bas, dans le même Chapitre, après avoir raporté l'Allegorie des deux alliances, que

St.

St. Paul dit être reprefentées par les Defcendans d'Ifâc & d'Efau; nôtre Docteur ajoute, en parlant du commerce d'*Abraham* avec *Hagar*: *ce que* vous croyez être un Peché *vous voyez que c'eſt un* myſterc ; *par lequel étoient revelées les choſes qui devoient arriver dans les derniers tems* .... *Reconnoiſſons donc, que ces choſes, qui arrivoient en figures aux Patriarches*, n'étoient point criminelles en eux *mais elles le feront* pour nous, *ſi nous ne voulons pas prendre garde à ce qui a eté ecrit pour nôtre correction;* &c. "Quiconque fait lire & ne veut „ pas s'aveugler, verra dans ces „ paſſages, que *St. Ambroiſe* re„ garde comme un veritable A„ dultere le commerce dont il s'a„ git, & que cependant il n'y „ trouve aucun crime, parce que „ Dieu n'avoit defendu l'Adultere; „ ni dans le Paradis Terreſtre, ni

de-

,, depuis, jufqu'à la loi de *Moife*.
,, Et l'Adultere lui paroit ici d'au-
,, tant plus innocent dans le Pa-
,, triarche, qu'il donne lieu à un
,, *Type* de ce qui devoit arriver
,, fous l'Evangile. * ,, Auffi ne voit
on pas la moindre trace, ni de la
repentance d'Abraham, ni d'une
marque que Dieu ait desaprouvée
l'action. Neanmoins, dans le même lieu d'ou on a tiré les deux paf-
fages precedens, St. Ambroife ne
paroit pas tout à fait bien d'accord
avec lui-même. Voici ce qu'il dit.
Quoique Pharaon fut d'une Nation feroce & Barbare (c'eft à dire
Egyptien) il fit voir (en parlant
ainfi à Abraham : pourquoi ne
m'avez vous pas dit que Sara eft
vôtre Femme, &c.) *que les E-*
trangers & les Barbares mêmes
refpectent la pudeur & croient de-
voir

* Barbeyrac *Traité de la morale des Peres.*
c. XII, n, 10.

voir s'abſtenir de l'Adultere . . . .
Et faut-il s'étonner ſi un Barbare
connoit le droit naturel? Parmi les
Bêtes mêmes, qui ne ſont ſoumiſes
à aucune Loi, il s'en trouve quel-
ques unes qui non ſeulement gardent
la fidelité à leurs compagnes, mais
encore qui ne s'accouplent qu'une
fois, comme par chaſteté. Deſorte
que la Loi de Nature a plus de
force que les Loix écrites, &c.
Mais on conviendra pourtant que
la morale de S. Ambroiſe eſt très-
juſte, ſi l'on fait attention que toute la difficulté ne conſiſte que dans
le terme d'*Adultere*, qui eſt employé par ce Pere pour ſignifier 1.
le Commerce d'Abraham avec Hagar, bien que ce ne fut pas un
Adultere avant la loi de Moïſe, &
2. pour exprimer un Adultere réel
& proprement dit qui conſiſte dans
un commerce entre un homme
marié & une Femme qui l'eſt auſſi.
Le mot d'Adultere, pris en ce

dernier fens, eft réellement un crime énorme, & reconnu pour tel
dans tous les tems, comme nous
l'avons vû plus haut, en raportant
les fentimens des Poëtes & des
Philofophes Païens fur cette matic-
re. Mais, pris dans le premier
fens, il eft certain que les hommes
ont pû avoir Commerce avec d'autres perfonnes que leurs Femmes
legitimes, fans bleffer, ni les loix
de la nature, ni les loix Divines.
Il n'eft point néceffaire, pour juf-
tifier l'action d'Abraham, de dire
avec St. Auguftin que *Sara pouvoit*
en fe fervant du Droit *qu'elle avoit*
fur le corps de fon mari, l'engager
à prendre Agar pour Femme; &
qu'elle exigea ainfi de lui ce qu'il
lui devoit, ufant de fon Droit
dans le ventre d'une autre Femme.
Ailleurs ce Pere fe propofe cette
Queftion: "Si un mari peut fans
„ fe rendre coupable de fornica-
„ tion, prendre, avec la permiffion

„ fion de fa Femme, ou fterile,
„ ou qui ne veut pas lui rendre le
„ devoir Conjugal, une autre
„ Femme qui ne foit ni mariée,
„ ni repudiée de fon Mari?" Je l'ai
deja dit, cela fe pouvoit inno-
cemment avant la Loi de Moife;
mais fous l'Evangile, S. Auguftin
a bien raifon de repondre que non:
Autrement il faudroit, ajoute-t'il,
dire auffi qu'une Femme peut, avec
la permiffion de fon Mari, avoir
Commerce avec un autre homme;
ce qui eft contraire au fentiment de
tout le monde.

IX. En effet, l'Amour propre,
la bonne Politique, les premiers
principes de la Religion ; en un
mot toutes fortes de raifons con-
courent à faire regarder l'Adultere
commis par une Femme, comme
un des plus grands crimes Tous
les Peuples en ont eu horreur. Les
Lacedemoniens ne crurent pas devoir faire une loi contre ce crime,

parce qu'ils ne pouvoient se figu-
rer qu'on dut le commettre. Dans
presque tous les autres Païs, il y
avoit des loix qui punissoient très-
rigoureusement ceux qui ne respec-
toient point la Couche nuptiale.
On donnoit mille coups de verges
à celui qui étoit coupable, & on
coupoit le nez à la Femme. Dra-
con les condamnoit à mort, aussi
bien que la Loi Julienne chez
les Romains. Il est bien vrai qu'on
n'y regardoit pas de fort près, &
qu'on n'observoit pas cette Loi à
la rigueur. Mais du moins on en
peut conclure qu'aiant été publi-
ée par un Empereur qui faisoit
metier du crime qu'il defendoit
par sa loi, ou en peut conclure,
dis-je, que ce Prince impudique,
n'avoit pû encore étouffer les semences de la vertu, ni les remords de sa conscience, qui lui
faisoient sentir l'énormité du crime

me qu'il commettoit en raviſſant la Femme d'autrui.

X. Avant la loi *Julia de Adulteriis*, on avoit vû à Rome des maris tranſporter à d'autres le Droit qu'ils avoient ſur leurs Femmes. Je me contenterai de citer l'exemple du plus ſage de tous les hommes ; je veux dire du vertueux Caton.

* Le fameux Orateur, Hortenſius fut le trouver un jour pour le prier de lui remettre Porcie ſa fille, qui étoit mariée à Bibulus, dont elle avoit eu deux enfans. " Je vous ,, la demande, lui dit-il, comme ,, une terre fertile & de bon rap- ,, port, ou je puiſſe ſemer des en- ,, fans. Ma propoſition vous pa- ,, roit, ſans doute, étrange : mais ,, vous, qui penſez ſi ſainement ,, de toutes choſes, vous vous a- per-

* Plutarch. *in Cat. Utic.* V. auſſi les am; d'Hor.

„ percevrez bientot qu'il n'eſt rien
„ de plus beau & de plus utile que
„ de ne pas laiſſer en friche le
„ champ fecond d'une jeune Fem-
„ me, qui peut donner des ſujets à
„ la Republique ; & de ne point
„ permettre d'autre côté qu'elle
„ accable de trop d'enfans, une
„ maiſon dont les revenus ſuffi-
„ roient peut être à peine à ſa trop
„ grande fecondité. Sans compter,
„ ajouta-t'il, que cette communi-
„ cation mutuelle des Femmes en-
„ tre les honnêtes gens, fait cir-
„ culer la vertu, & la repand
„ dans un plus grand nombre de
„ familles, & forme en même
„ tems beaucoup plus d'alliances
„ parmi des Citoïens qui ne ſau-
„ roient tenir par trop de Liens les
„ uns aux autres.

„ Je crains à la verité, conti-
„ nua Hortenſius, que Bibulus,
„ charmé de Porcie, n'ait de la
„ peine à s'en deſſaiſir entierement.

Mais

„ Mais je ne la demande qu'en for-
„ me de Prêt ; j'ai deſſein de la
„ lui rendre, après m'en être ſervi,
„ & en avoir eu des enfans, qui
„ reſſerrent plus que jamais les
„ nœuds qu'un agreable commer-
„ ce d'Amitié a deja formés depuis
„ long-tems entre vous, Bibulus
„ & moi. ”

* L'hiſtoire ne dit point ce qui
empêcha ce marché. Elle nous apprend ſeulement, que Caton ne
trouva pas à propos d'en parler
aux parties interreſſées. Peut-être
apprehenda-t'il d'allarmer la juſte
delicateſſe de Bibulus ; peut-être
craignit-il encore plus d'offenſer la
vertu de Porcie, une des Femmes
de Rome qui avoit l'eſprit le mieux
fait, & l'Ame la plus noble. C'eſt
celle-là même qui aiant appris que
Brutus, qu'elle avoit épouſé en ſe-
condes nôces, s'étoit tué, ſe fit
mou-

mourir en avalant des Charbons
ardens.

Mais, continue l'Auteur des A-
mours d'Horace, il importoit peu à
Hortenfius, que Caton lui refufat
fa Demande; ce n'etoit qu'une feinte de cet Orateur. Il favoit trop
bien les foupplefles & pour ainfi
dire les fouterrains de fon Art,
pour devoiler du premier coup fon
deffein: il y alloit par un chemin
detourné, & comme ces gens qui
en font aux mains, il menaçoit
fon Ennemi d'un côté, pour le
frapper plus furement d'un autre.
Hortenfius n'en vouloit qu'à Marcia, la propre Femme de Caton.

Il avoit deja ébranlé ce grand
homme par fon éloquence; il avoit
eu le fecret de balancer dans fon
cœur la tendreffe Paternelle; il fe
promit de faire taire en lui l'Amour
conjugal. Il y réuffit. Marcia étoit
telle que la fouhaitoit Hortenfius,

ç'eft

c'eft à dire fort jeune ; & ce fut
cela même qui fit penfer à Caton,
que, pour le bien de la Patrie, elle feroit mieux entre les mains de
fon vigoureux ami qu'entre les fien-
nes. D'ailleurs, il avoit deja autant d'enfans qu'il convenoit d'en
avoir à un homme dont les Ri-
cheffes n'égaloient pas le merite.

Ainfi l'affaire fut concluë, à
condition neanmoins que Martius,
Peré de la Dame voudroit bien y
confentir. Martius apparemment
étoit auffi un homme d'une vertu
Antique, & fort au deffus des
Prejugez vulgaires. Il donna les
mains à tout ce qu'on voulut. Auffitôt Marcia, quoiqu'aimée de fon
mari (du moins, ajoute l'Auteur
que je copie en cet endroit, fa
groffeffe temoignoit qu'elle n'étoit
point trop mal avec lui) paffa au
pouvoir d'Hortenfius qui ne tarda
pas à effayer, fi elle feroit bien

pre à donner de petits Orateurs à la
République.

Lorsque Marcia en fut veuve &
heritiere tout ensemble, elle re-
tourna chez Caton. Lucain suppose qu'elle le supplia très-humble-
ment de la reprendre, & voici à
peu près les discours qu'il lui fait
tenir. " Je ne suis plus en âge
„ d'avoir des enfans; je ne vous
„ demande que de reconnoître les
„ nœuds sacrez qui me lient à vous.
„ Accordez moi une faveur; dai-
„ gnez m'appeller encore vôtre
„ Femme; je n'en veux que le ti-
„ tre, & je consens de n'en faire
„ auprès de vous les fonctions que
„ pour vous consoler dans vos dif-
„ graces, en partageant avec vous
„ tous les embarras, & toutes les
„ fatigues que vous éprouvez dans
‘, la malheureuse situation des af-
„ faires de la Patrie. "

Caton attendri à ces paroles,
rentra en communauté avec Marcia,

cia, hormis en une chofe qui ne fe dit point ; mais dont il y a bien de l'apparence qu'il fe difpenfa, moins par fcrupule, que parce qu'il n'y étoit plus propre. Marcia de fon côté, ajoute Lucain, ne l'embraffa que comme une mere fon Enfant, & elle garda toujours fes habits de veuve.

,, Voilà pourtant, conclud l'Au-
,, teur des Amours d'Horace, voi-
,, là un des plus grands hommes
,, qui ayent jamais été, le voilà
,, qui partage fa couche nuptiale
,, avec un autre." Cependant le Divin Caton avoit tant d'éloignement pour l'Adultere, que voiant un homme de qualité fortir d'un vilain lieu, il lui dit: *cela eft fort bien, mon cher, continuez; c'eft là qu'il faut aller quand vous fentez les feux de l'Amour, au lieu de vous amufer à corrompre la Femme, de vôtre prochain.*

Stra-

Strabon * pretend que c'étoit
autrefois l'ufage des Tapyres, Peuples voifins des Parthes, & même
des Romains.   Plutarque dans *le*
Paralele de Lycurgue & de Numa
Pompilius , foutient que l'un &
l'autre de ces grands Legiflateurs
permirent aux Maris de prêter leurs
Femmes à leurs voifins.   Franchement cet ufage eft encore fort à la
mode : & St. Auguftin tout faint
qu'on le fait, n'a pas crû que
cela fut fi condamnable, puis qu'il
fuppofe † *qu'il peut y avoir des cas*
ou une Femme même femble devoir
fe prêter à un autre, pour fon ma-
ri du confentement de celui-ci. Là
deffus, il raporte l'hiftoire fuivante , qu'on dit être arrivée à Antioche , fous l'Empire de Conftance. " Acindymus, dit-il, Gouver-
„ neur alors de cette ville, & de-
„ puis Conful, voiant qu'un homme

„ me qui devoit au fifc une livre
„ d'or, ne payoit point, & irrité
„ contre lui, je ne fai pourquoi
„ (malheur auquel on eft fouvent
„ expofé de la part de ces Puiffan-
„ ces, à qui il eft permis de faire
„ ce qu'il leur plait, ou plutot à
„ qui on le croit permis) menaça
„ cet homme avec ferment & d'u-
„ ne maniere très pofitive de le
„ faire mourir, s'il ne s'acquitoit
„ pas dans un certain jour qu'il lui
„ marquoit. Cependant il le tenoit
„ gardé étroitement en prifon, &
„ le jour fatal approchoit, fans
„ que le debiteur trouva aucun
„ moien de fatisfaire Acindynus.
„ Ce pauvre homme avoit une Fem-
„ me très-belle, mais qui n'avoit
„ point d'argent, pour tirer fon Mari
„ d'affaires. Un homme riche qui
„ étoit amoureux d'elle, fachant
„ l'embarras où fe trouvoit fon
„ mari, lui offrit la livre d'or, à
„ condition qu'elle pafferoit une
nuit

,, nuit auprès de lui. Comme elle
,, savoit que *son corps n'étoit pas*
,, *en sa puissance, mais en celle de*
,, *son mari*; ella alla le trouver en
,, prison & lui communiqua les
,, offres qu'on lui faisoit, déclarant
,, qu'elle étoit toute prête d'y
,, consentir pour l'Amour d'un
,, mari, si lui, qui étoit maître
,, du corps de sa Femme, & à qui
,, toute sa chasteté appartenoit,
,, vouloit en disposer ainsi, com-
,, me de son bien, pour sauver sa
,, propre vie. Le Mari l'en remer-
,, cia, & lui ordonna d'accepter
,, le parti, dans la pensée qu'il n'y
,, auroit point là d'Adultere, par-
,, ce que la Femme ne s'y portoit
,, point par Debauche, mais par
,, l'effet d'un grand amour pour
,, lui, son Mari, du consentement
,, & par l'ordre de qui elle le fai-
,, soit. La Femme alla donc trou-
,, ver le Galant à une maison de
,, Campagne ou il étoit, & fit
tout

„ tout ce qu'il voulut , prêtant
„ neanmoins par là fon corps à
„ fon feul mari, qui alors fouhai-
„ toit de vivre, & non pas qu'elle
„ lui rendit le devoir Conjugal à
„ l'ordinaire. Elle reçut l'or qu'on
„ lui avoit promis en payement:
„ mais le brutal, qui le lui avoit
„ donné, le lui ôta adroitement,
„ en trouvant moïen de mettre à
„ la place une bourfe toute fembla-
„ ble , ou il n'y avoit que de la
„ terre. La Femme de retour chez
„ elle, s'étant appercuë de la
„ tromperie, divulgua auffitôt l'af-
„ faire : la même tendreffe pour
„ fon mari, qui l'avoit fait refou-
„ dre à une telle complaifance,
„ l'obligea à fe plaindre publique-
„ ment. Elle s'en alla trouver le
„ Gouverneur, lui raconta tout,
„ & lui reprefenta comment on
„ l'avoit trompée. Le Gouverneur
„ fe declara d'abord lui même cou-
„ pable, d'avoir été caufe, par fes

ri-

„ rigueurs & ſes menaces, que le
„ Mari & la Femme en étoient
„ venus à une telle extremité, &
„ prononçant de deſſus ſon Tribu-
„ nal, comme s'il ſe fut agi d'une
„ autre perſonne, il condamna
„ Acindynus à payer au fiſc la li-
„ vre d'or. Puis il adjugea à la
„ Femme le bien de Campagne
„ d'ou avoit été priſe la Terre
„ qu'on lui avoit miſe en place de
„ l'or. Pour moi, dit S. Auguſtin,
„ je ne decide rien ſur ce cas, ni
„ pour, ni contre: chacun en pen-
„ ſera ce qu'il voudra. Car l'hiſ-
„ toire n'eſt pas tirée de l'Ecritu-
„ re Sainte. Je puis dire néaumoins,
„ qu'à conſiderer le fait avec tou-
„ tes ſes circonſtances, le com-
„ merce charnel auquel cette Fem-
„ me ſe livra, par ordre de ſon
„ mari, ne repugne pas au ſenti-
„ ment commun des hommes. ”
Pour moi, je ſuis plus deciſif que
ce Docteur, & je ne craindrai
point

point de dire que ce Commerce Charnel, étoit un pur Adultere. Car quand L'Apotre a dit que le *Corps de la Femme eſt en la puiſ-ſance de ſon mari*, il n'a point pré-tendu qu'un homme put diſpoſer du corps de ſa Femme en faveur d'un autre : il en eſt le maître, mais ce n'eſt que pour ſon propre uſage. Il en eſt de même de *Caton d'Utique*; car bien qu'il n'ait pas vêcu ſous l'Evangile, il étoit neam-moins coupable & on ne peut diſ-culper Marcia d'Adultere, non plus que l'Orateur Hortenſius; par-ce que ces trois perſonnes agirent contre la Loi naturelle & les Lu-mieres de la raiſon. Auſſi voïons nous, que des Peuples qui n'a-voient pas la moindre connoiſſance du vrai Dieu, ne laiſſoient point l'Adultere impuni. Je dis plus: c'eſt un crime ſi infame, & ſi con-traire à la raiſon, & à l'honnêteté naturelle, que des Nations Athées

en ont reconnu toute l'horreur.
J'en donnerai pour preuve, un trait
que j'ai lû, il y a quelques jours,
dans la 4. *Denonciation du Peché
Philosophique :* Mr. Arnauld qui
est l'Auteur de cet ouvrage, parle
ainsi : " Tous les habitans des An-
„ tilles étoient Athées, avant
„ qu'elles eussent été découvertes
„ par les Chrêtiens . . . . . . Ce-
„ pendant on n'ignoroit pas dans
„ ces Isles que l'Adultere ne fut u-
„ ne mechante action. Car un des
„ Auteurs qui nous ont donné
„ l'histoire de ce Païs là raporte
„ qu'un de ces Insulaires aiant tué
„ sa Femme parce qu'il avoit dé-
„ couvert qu'elle s'abandonnoit à
„ un autre, vint trouver son beau
„ pere & lui dit: j'ai tué ta fille,
„ parce qu'elle m'étoit infidelle,
„ à quoi le beau Pere repondit:
„ Tu as bien fait: mais sa jeune
„ sœur est plus belle qu'elle, je te
„ la donne si tu veux. "

XI.

XI. Mais, il faut avouer que
quoique l'Adultere fut puni par
autorité publique, chez les Nations
Civilisées, les peines statuées contre ce desordre, n'étoient pas uni-
formes. Dans certains païs, la rigueur étoit poussée à l'excès, dans
d'autres, la punition étoit comi-
que; & enfin ailleurs, elle étoit
tout à fait douce.

XII. A Rome, par exemple,
on a vû pendant un certain tems
que les Femmes qui avouoient de
plein gré leurs debauches aux Ediles n'étoient plus sujettes aux chatimens. Cette loi fut d'abord établie pour les Femmes du menu
Peuple, qu'on croyoit seules capables d'un Libertinage si honteux;
le Senat s'etant contenté, comme
nous l'apprend Tacite * de defendre à celles de qui l'Ayeul, le Pere, ou le Mari avoient été Chevaliers

liers Romains, de faire l'indigne
metier de Courtifanne. On a vû
auffi dans la même ville que les
Femmes furprifes en flagrant délit
étoient condamnées à fe tenir dans
une petite Chambre, & à s'y livrer, fans fcrupule, & fans façon
à tout venant. Ce qui pouvoit plutôt s'appeller une grace qu'un chatiment, n'eut été que ceux qui les
alloient voir devoient fe charger de
Clochettes, afin que par leur fon
tout le monde put s'apercevoir du
chatiment qu'ils exerçoient fur ces
Femmes, dans le tems même qu'ils
y procedoient avec le plus de violence & de fureur. Cette loi fubfif-
ta à Rome jufqu'au tems de l'Empereur Theodofe qui l'abolit *.
Dans la fuite, on s'ivifa de punir
plus rigoureufement ceux qui fe
trouvoient coupables d'Adultere.
On les condamnoit à la mort & au
ban-

niſſement dans quelque iſle deſer-
te; au fouet & à être faits Eunu-
ques. *Lucien* dans la mott de Pe-
regrinus dit que ce Philoſophe aiant
été ſupris en Adultere , fut contraint de ſe jetter du haut en bas
d'une maiſon, avec une rave dans
le derriere , après avoir été bien
frotté. Il arrivoit auſſi de tems en
tems qu'on expoſoit les hommes à
la fureur d'un Taureau qui lés de-
chiroit avec ſes cornes , & c'eſt
ainſi qu'on les puniſſoit pour en
avoir fait naître de metaphori-
ques.

De plus : Les loix déclaroient
les Adulteres infames, & incapables de pouvoir rendre aucun temoignage en juſtice. Celles d'Athenes permettoient au Pere de la
Femme, au mari & même au frere de tuer impunément un homme
ſurpris en Adultere. Nous avons
ſur cela un diſcours fort Eloquent
de Lyſias , que le Lecteur peut
Y 3 lire

lire s'il lui en prend envie.

XIII. Quoique la pluralité des Femmes fut en ufage parmi les *Parthes*, *Juſtin* nous apprend que ces Peuples puniſſoient l'Adultere plus rigoureuſement que tous les autres crimes *.

XIV. Chez les Lombards, il y avoit une loi qui permettoit expreſ-ſement au Mari de tuer ſa Femme, & celui qu'il ſurprendroit en Adul-tere. Et Luitprand qui regna ſur ces peuples, ſtatua qu'une Femme priſe ſur le fait ſeroit raſée, & enſuite fouettée dans les Ruës.

XV. Chez les Saxons, avant qu'ils euſſent embraſſé l'Evangile, une fille, ou une Femme, marïée qui auroit eu commerce criminel, avec un homme devoit être étran-glée & brulée, & on pendoit ſur
ſon

---

* *Uxores dulcedine varia libidinis ſinguli plures habent; nec ulla delicta adulterio graviùs vindi-cant. Juſtin. hiſter. l. 41. c. 3.*

son tombeau celui qui l'avoit corrompuë. Quelquefois on se contentoit de la fouetter d'importance de ville en ville, jusqu'à ce qu'elle mourut sous les coups.

XVI. Dans une certaine ville de Grece dont j'ai oublié le nom, si je l'ai sçu autrefois, on mettoit une Couronne de Laine sur la tête d'un homme Convaincu d'Adultere. On le condamnoit aussi à une Amende pecuniaire, & on le declaroit incapable d'exercer jamais aucun Emploi. Les Egyptiens avoient une loi qui condamnoit un Adultere à mille coups de verges, & la Femme à avoir le nez coupé, apparemment pour la rendre si diforme que personne n'eut plus envie de coucher avec elle.

XVII. Chez les Juifs, ce crime sentoit tellement les fagots qu'il conduisoit droit au feu, les Femmes qui en étoient convaincuës. Après que Moïse eut donné sa loi, on se

con-

tenta de les Lapider, felon l'ordre
de Dieu : C'étoit leur faire beaucoup de Grace !

XVIII. Comme l'Adultere étoit
puni de mort chez la plupart des
anciens Peuples, les Femmes
payoient leurs Amans pour les engager au fecret. C'eft ce qui a fait
dire à Petrone :

   - - - Un feducteur de Femmes ma-
     riées.
   Trouve fa recompenfe & fes nuits font
     payées *.

Cette loi eft encore en ufage
chez les peuples les moins corrompus, comme en Allemagne. Il y
a, dit-on, des lieux en Hollande,
ou l'on a changé la rigueur de cette loi, en peine pecuniaire affez
plaifemment ; car le Mari paye
une Amende de 300. fl. quand la
Fem-

* *Et qui folicitat nuptas, ad præmia peccat.*
Petronius.

Femme eſt convaincuë de ce crime.

XIX. Mais dans la Germanie,
où la Chaſteté, au raport de Tacite, n'étoit point corrompue, par
les feſtins, les aſſemblées, ni les
Spectacles, on n'y donnoit, & on
n'y recevoit point de Poulets. Deſorte qu'il y avoit peu d'Adulteres
dans un ſi grand Peuple, & quand
il s'en trouve, ajoute-t'il, on en
fait ſur le champ la punition. "Le
„ Mari raſe ſa Femme, & l'ayant
„ depouillée en preſence de ſes Pa-
„ rens, la chaſſe de chez lui à
„ coups de bâtons, & la promene
„ de la ſorte par le village. Il ne
„ faut pas après qu'elle attende de
„ pardon, ni d'excuſe. Ni ſon age,
„ ni les richeſſes, ni ſa beauté ne
„ lui trouveroient point un autre
„ Mari. Car on ne rit point là des
„ vices, & l'on ne dit point que
„ la galanterie eſt à la mode. Ils
„ font encore mieux en quelques

„ Provinces, continuë le même
„ Auteur, car on n'y soufre pas
„ même de secondes nôces, & u-
„ ne Femme prend un Mari, com-
„ me on prend un corps & un a-
„ me. Elle n'étend point au delà
„ ses pensées, ni ses esperances. "
Le même auteur nous apprend
qu'*Emilia lipida* étant acculée
d'Adultere fut condamnée à l'interdiction de l'eau & du feu qui étoit
une espece d'exil. Et il nous dit encore qu'Auguste donnoit aux A-
dulteres des Princesses le nom de
crime de Leze Majesté.

XX. Jean Van Neck nous apprend dans une de ses Relations,
que l'Adultere est puni de mort à
Patane, & dans les autres Païs
voisins, principalement parmi les
Nobles, & les Officiers de la Couronne. Le Pere du criminel, ou si
le Pere est mort, le plus proche
de ses parens, est obligé de faire
l'éxecution; mais le coupable choi-
sit

fit le genre de fupplice dont il veut mourir.

XXI. A Madagafcar, celles qui font convaincuës d'infidelité envers leurs maris, font punies, de mort. Une Femme convaincuë d'Adultere dans le Royaume de Lao perd la Liberté pour l'expiation de fon crime, & devient Efclave de fon mari, qui en ufe envers elle comme il lui plait. Il peut même, conformement aux Loix, pour fe vanger de l'injure qu'il en a recuë, la condamner à une amande pecuniaire.

XXII. La punition d'une Adultere eft douce chez les Guinois. Si elle ne veut être chaffée, elle paye pour amande à fon Mari quelques onces d'or. Mais chez les Orientaux de Bengale, & chez les Mexicains, on coupe le nez & les oreilles aux Femmes. Divers autres Peuples Barbares les puniffent de mort.

XXIII.

XXIII. Les Peguans font fi rigoureux en ces rencontres, & ont
tant d'horreur de ce crime, que
chez eux les Adlteres font enterrez
vifs, hommes & Femmes. Les
Caraiqes ne connoiffoient point ce
peché avant leur communication
avec les Chrêtiens, mais aujour-
d'hui, fi le Mari furprend fa Femme s'abandonnant à quelqu'autre
homme, ou que d'ailleurs il en ait
une connoiffance affurée ; il s'en
fait lui-même la juftice, & ne lui
pardonne guere ; mais il la tue
quelquefois d'un coup de bâton,
quelquefois en lui fendant le ventre du haut en bas avec un rafoir,
ou une dent d'agouti, qui ne tran-
che guere moins fubtilement. Cette execution étant faite, le Mari
va trouver fon Beau-pere & lui dit
froidement: *j'ai tué ta fille parce
qu'elle ne m'avoit pas été fidèle.* Le
Pere l'en louë, & lui en fait bon
gré.

XXIV.

XXIV. Les Caffres ne font pas
fi feveres, on fe contente·d'infli-
ger chez eux la peine du fouet aux
Adulteres. Voilà des Exemples qui
devroient faire trembler les Chré-
tiens, car fi les Tribunaux Civils
ne puniffent pas les Adulteres auffi
feverement qu'ils le meritent, &
qu'ils n'en faffent pas des recherches auffi exactes qu'ils femblent y
être obligez, Ceux qui fe fouil-
lent de ce crime en feront punis
plus rigoureufement par la Juftice
de Dieu, à laquelle ils ne pourront
échaper.

F I N.

AVERTISSEMENT

Sur l'Epitre Dedicatoire.

J'Ai été fort surpris de voir que les Auteurs des Lettres serieuses & badines, aient eû l'impudence de dire que mon ouvrage seroit commentaire à la Puttana errante de Venerio, & aux Raggionamenti d'Aretino. Je puis dire que ma conduite ne peut me faire soupçonner d'une pareille infamie. Quoique je n'ai point mis mon nom au frontispice de ce Livre, je ne veux point être inconnu. On ne me reprochera jamais d'avoir monté le Theatre ou fait quelqu'autre bassesse de cette nature. Ainsi, je n'ai pû digérer l'affront que ces Messieurs m'ont fait. Je ne les tiens pas quittes de cette sottise pour l'Epitre Dedicatoire. Je leur prepare encore quelqu'autre chose, ou ils verront qu'ils ont eu tord d'avancer qu'ils sont les seuls qui puissent écrire d'un stile badin & ironique. Ce seroit un desordre dans la societé s'il étoit permis à un Octave de Comedie & à ses Confrere de dechirer les honnêtes gens mal à propos. Je m'abaisserai jusqu'à eux toutes les fois qu'il m'en donneront le sujet.